La plupart des recommandations sont rédigées par des experts, mais la mienne vient d'une attente fervente. C'est un grand privilège de conduire nos familles dans l'adoration, mais la plupart d'entre nous ont de la difficulté à le faire pour une raison ou pour une autre. Heureusement, le pasteur Jason Helopoulos nous fournit ce dont on a précisément besoin : un guide sage, réaliste, motivé par l'Évangile (et non par la culpabilité), que nous pouvons tous utiliser et mettre en pratique. J'ai donc le privilège de vous en recommander la lecture ; j'ai hâte de voir comment le Seigneur l'utilisera pour sa gloire et l'édification des familles !

Justin Taylor
Blogueur, « Between Two Worlds » ; directeur de la rédaction,
The ESV Study Bible, Chicago, Illinois

En tant que père de cinq enfants actifs, j'aurais rarement le temps de discuter de la Parole de Dieu et de prier en famille, si l'on n'avait pas un culte familial structuré. Quelle perte pour les familles chrétiennes qui ont négligé ce moyen indispensable de grâce ! Il se pourrait bien que le livre de Jason Helopoulos génère un renouveau grandement nécessaire au culte familial. Les assemblées chrétiennes qui liront et mettront en pratique cet excellent livre constateront certainement une croissance dans la foi des enfants et des parents. Si le culte familial n'est pas encore une réalité dans votre propre foyer, ce livre pourrait bien être le plus important à lire cette année.

Richard D. Phillips
Pasteur principal, Second Presbyterian Church, Greenville,
Caroline du Sud

Les puritains croyaient que l'une des raisons majeures pour laquelle l'impiété avait inondé leur nation était la négligence du culte familial. Le livre vraiment utile de Jason Helopoulos sur ce thème crucial est concis, stimulant, réaliste et pratique. Si vous faites déjà des cultes familiaux, cet ouvrage vous encouragera et vous permettra de vous perfectionner. Si ce n'est pas le cas, ce livre pourrait bien transformer votre famille. Achetez-le, lisez-le, parlez-en à vos amis, discutez-en en petit groupe, et surtout, mettez-le en pratique !

Joel R. Beeke
Directeur, Puritan Reformed Theological Seminary,
Grand Rapids, Michigan

Si vous cherchez une bonne et utile introduction au culte familial, qui présente à la fois une base biblique pour le culte familial et des conseils sur la façon de le pratiquer dans la vie de tous les jours, ne cherchez pas plus loin ! J'espère que le livre de Jason Helopoulos permettra à plusieurs de retrouver la « grâce négligée » du culte familial.

Don Whitney
Professeur agrégé de spiritualité biblique, doyen associé à The School of Theology, The Southern Baptist Theological Seminary,
Louisville, Kentucky

C'est exactement ce dont j'avais besoin ! Voilà un rafraîchissement encourageant sur le culte familial qui m'a rappelé le « pourquoi » et m'a donné beaucoup de nouvelles idées sur le « comment ». C'est également une source de motivation puissante et un guide parfait, truffé de conseils pratiques et réalistes, pour les parents qui s'initient à cette pratique particulièrement bénie.

David P. Murray
Professeur de l'Ancien Testament et de la théologie pratique, Puritan Reformed Theological Seminary, Grand Rapids, Michigan

« Le culte familial... » On sait tous à quel point la chose est difficile. Plus qu'une simple défense biblique du culte familial, *Une grâce négligée* offre une aide pratique et avisée pour savoir par où commencer. Tout cela avec une concision que les parents de jeunes enfants apprécieront. Que vous commenciez les dévotions familiales pour la première fois, ou que vous cherchiez à raviver une tradition familiale perdue, Jason vous montrera la grâce de Dieu à travers le culte familial !

C. J. Mahaney
Pasteur principal, Sovereign Grace Church of Louisville,
Louisville, Kentucky

Hormis la routine hebdomadaire de l'observance du sabbat, il y a rien de plus central pour cultiver la piété chrétienne que la pratique régulière du culte familial. Malheureusement, il n'y a rien de plus négligé non plus. Dans ce guide très instructif et extrêmement pratique sur le culte familial, Jason Helopoulos met en évidence les bénéfices permanents (et éternels) d'une discipline spirituelle quasiment oubliée. Faites-vous une faveur spirituelle, à votre famille et à vous-même, et lisez, surlignez, apprenez et appliquez le contenu de cet admirable petit livre ! Par la grâce de Dieu, il pourrait bien avoir un impact sur les générations à venir.

Jon D. Payne
Professeur invité de théologie pratique, RTS Atlanta, Géorgie
Pasteur principal, Christ Church Presbyterian, Charleston,
Caroline du Sud

Le culte familial est une vraie bénédiction ! Cet excellent ouvrage vous ouvrira les yeux sur la raison pour laquelle cela manque à l'ADN de la vie chrétienne. Il vous donnera une vue d'ensemble sur le pourquoi, quoi, qui, où, quand et comment faire pour réintégrer cet ADN manquant. De plus, ce livre vous aidera à éliminer tous les obstacles vous empêchant d'avoir un bon culte familial, le tout parsemé d'anecdotes personnelles captivantes. J'ai commencé le culte familial avec ma femme et mes deux fils après avoir lu ce livre inspirant.

Silas Ng
Pasteur, Richmond Emmanuel Church, Colombie Britannique, Canada
Évêque missionnaire, Anglican Mission in the Americas

Le renouveau du culte familial est l'un des mouvements les plus encourageants dans le christianisme moderne. Toutefois, cette pratique se fait encore rare. La plupart des foyers chrétiens sont encore dépourvus de ce qu'on pourrait appeler « un autel familial », ce qui était pourtant la norme parmi les disciples de Christ autrefois. De nos jours, rares sont les personnes ayant assisté ou pris part à un culte familial. Riche en réflexion théologique et en application pratique, *Une grâce négligée* est un outil attendu et indispensable pour ceux qui désirent raviver ces pratiques dans leur propre foyer ou être un encouragement pour les autres. Encore plus encourageante que le contenu de ce livre est la perspective que ses lecteurs adopteront et appliqueront ces pratiques intemporelles pour honorer Dieu au sein de leur foyer.

Voddie Baucham, Jr.
Pasteur, implanteur d'église, conférencier, doyen de l'African
Christian University, Lusaka, Zambie

UNE GRÂCE NÉGLIGÉE

LE CULTE FAMILIAL DANS LE FOYER CHRÉTIEN

JASON HELOPOULOS

éditions cruciforme

Édition originale en anglais sous le titre :
A Neglected Grace: Family Worship in the Christian Home
© 2013 par Jason Helopoulos. Tous droits réservés.
Publiée en 2013 par Christian Focus Publications, Ltd.

Pour l'édition française, traduite et publiée avec permission :
Une grâce négligée : le culte familial dans le foyer chrétien
© 2017 Publications Chrétiennes, Inc.
Publié en 2017 par Éditions Cruciforme
230, rue Lupien, Trois-Rivières (Québec)
G8T 6W4 – Canada
Site Web : www.editionscruciforme.org

Traduction : Nathalie Surre
Révision : Catherine Côté

ISBN : 978-2-924595-31-2

Dépôt légal – 4e trimestre 2017
Bibliothèque et Archives nationales du Québec
Bibliothèque et Archives Canada

« Éditions Cruciforme » est une marque déposée de
Publications Chrétiennes, Inc.

À moins d'indications contraires, toutes les citations bibliques sont tirées
de la Nouvelle Édition de Genève (Segond 1979) de la Société Biblique de
Genève. Avec permission.

À Leah, Gracen et Ethan

Merci pour la joie qui est la mienne quand je rentre à la maison et pour la tristesse ressentie quand je la quitte. Je suis béni au-delà de toute mesure.

TABLE DES MATIÈRES

PRÉFACE

Le culte familial figure parmi les choses prioritaires que je souhaite vraiment développer, mais j'ai du mal à m'y tenir. Je suis conscient de son importance, mais mes défaites me semblent aussi nombreuses que mes victoires. Une assiduité durant cinq jours d'affilée laisse la place à un abandon total les quatre jours suivants. Tantôt, les enfants y participent avec enthousiasme, tantôt, ils ne tiennent pas en place. Pendant des années, ma femme et moi avons pratiqué le culte familial avec nos enfants ; pendant des années, il nous a également posé problème. Il est en effet difficile d'être constant, de faire preuve de créativité, de trouver du temps, de capter l'attention des enfants et d'être persévérant jusqu'à la percée surnaturelle tant souhaitée.

C'est pourquoi j'aime ce livre.

J'aime le titre : *Une grâce négligée*. Au lieu de nous marteler avec l'injonction du devoir, Jason nous présente le culte familial comme un exemple de la bonté divine. Oui, on a besoin de motivation pour la discipline du culte familial. Pourtant, la meilleure motivation à long terme ne vient pas du fait de se sentir mal par rapport à ce qu'on pourrait faire mieux, mais de la conviction que Dieu nous réserve quelque chose de bon. Le message du livre n'est pas : « Priez avec votre famille, sinon… », mais plutôt : « Pensez à quel point cela vous bénira ! ».

J'aime l'aspect pratique de cet ouvrage. Jason fait un retour sur l'histoire de l'Église sans pour autant sacrifier la pertinence de ses propos pour aujourd'hui. Ses réflexions sont intemporelles et ses conseils arrivent à point nommé. Il ne se contente pas de nous dire quoi faire. Il nous montre comment le faire. Jason nous donne des questions à se poser, des idées à essayer, des livres à lire, des hymnes à consulter et des histoires vécues desquelles on peut apprendre. J'espère que tous ceux qui liront ce livre en tireront deux grandes conclusions : « je veux développer le culte familial » et « j'ai des choses à faire pour y parvenir ».

Enfin, peut-être la chose la plus importante, particulièrement quand il est question d'un tel sujet, c'est que l'auteur de ce livre est un ami que j'aime beaucoup. À une époque où l'on a des centaines « d'amis » sur Facebook et où l'on présente chacune de ses connaissances comme « mon bon ami Untel », c'est pour moi un privilège d'avoir en Jason un ami véritable, en chair et en os, et sur lequel je peux toujours compter. C'est un bon pasteur, un bon mari et un bon père. Il sera le premier à vous dire qu'il n'est pas parfait, que ce soit dans le domaine du culte familial ou autre. Cela ne signifie pas toutefois qu'il n'est pas un exemple à suivre. C'est un pasteur qui pratique ce qu'il prêche. Je sais personnellement qu'il écrit comme un homme qui prend au sérieux tous les défis décrits dans cet excellent ouvrage. La « grâce négligée » du culte familial n'est pas négligée dans son foyer.

De plus, c'est un homme que je respecte et un livre dont j'ai besoin.

– Kevin DeYoung

INTRODUCTION

Il a complètement disparu ! Ou, du moins, on en entend rarement parler. S'il s'agissait d'un animal, il serait sur la liste des espèces en voie de disparition. On n'a pas juste cessé de le *pratiquer*, on a cessé d'en *parler*. Peu de sermons ou d'exhortations pastorales le mentionnent. Peu de pères et de mères s'encouragent à le pratiquer. Les publications chrétiennes semblent l'avoir complètement oublié. Pourtant, dans l'histoire de l'Église, il a été l'une des plus grandes forces de la famille chrétienne. Aussi cet ouvrage comprend-il plusieurs citations de chrétiens des siècles passés.

Qu'est-ce qui faisait partie de l'ADN de la famille chrétienne autrefois et qui semble avoir pratiquement disparu au siècle dernier ? Le culte familial. Cette glorieuse expression de la foi chrétienne caractérisait les foyers chrétiens. Au cours des cent dernières années, cependant, l'Église évangélique semble l'avoir relégué aux oubliettes. Il est temps pour nous d'explorer et de promouvoir le culte familial parmi les chrétiens. On doit parler de la nécessité du culte familial dans nos foyers. Les pasteurs doivent insister sur son importance. Les laïcs doivent également en parler. Plus important encore, on doit se mettre à le pratiquer, afin que disparaisse ce vide silencieux qui s'est immiscé dans nos foyers chrétiens. J'espère que ces derniers seront à nouveau remplis de pères, de mères, de maris, d'épouses, d'enfants, de frères et de sœurs qui adoreront à la gloire de Dieu.

Quand je pense aux foyers chrétiens, c'est toujours la ville de Kidderminster, en Angleterre, au XVIIᵉ siècle, qui me vient à l'esprit. Kidderminster était une petite ville d'environ 800 foyers et 2000 âmes. C'est dans cette ville que Richard Baxter a été appelé à être pasteur. Son ministère a eu un grand impact dans cette localité[1]. Baxter rapporte qu'à son arrivée à Kidderminster, il y trouva un « peuple ignorant, grossier et complaisant[2] ». Toutefois, le Seigneur bénit la prédication de sa Parole dans cette ville et beaucoup reçurent Christ comme leur Sauveur.

L'essor du culte familial compte parmi les grandes transformations qui ont eu lieu dans la ville après ce réveil. Selon Baxter, « le jour du Seigneur, quand on se promenait dans les rues, on pouvait entendre une centaine de familles chanter des psaumes et répéter les sermons […] À mon arrivée, il n'y avait environ qu'une famille par rue qui adorait Dieu et invoquait son nom ; à mon départ, dans certaines rues, il ne restait pas une seule famille qui ne le fasse[3] […] » Ces foyers, qui étaient autrefois des lieux d'obscurité et d'incrédulité, avaient été transformés en lieux de lumière et d'adoration. Dans les rues de Kidderminster un dimanche soir, après que les familles eurent assisté au culte du matin à l'église, les voix des enfants et des parents louant le Seigneur ensemble s'élevaient des fenêtres ouvertes vers le ciel nocturne. Le culte familial était l'une des réponses naturelles de ces individus et de leurs familles à leur conversion. Ils désiraient se réunir avec leur famille et adorer le Seigneur qui les avait sauvés. Qu'y aurait-il de plus juste et approprié ?

Cet ouvrage se veut simple et sans prétention. Cela dit, j'espère que le Seigneur utilisera ce livre pour vous encourager, vous et votre famille, à introduire le culte familial dans votre foyer et à persévérer dans cette voie. Il n'y a pas de meilleur temps que maintenant pour raviver cet aspect qui a fait ses preuves et qui s'est avéré si bénéfique à la vie chrétienne.

Cependant, en espérant voir un renouveau du culte familial, je ne cherche pas à imposer des attentes écrasantes sur les foyers chrétiens. Récemment, j'ai reçu une note d'une mère disant ceci : « Vous savez, il y a des moments où de nombreux parents chrétiens se sentent coupables de ne pas avoir de culte familial régulier avec leurs enfants. Je sais que je me suis sentie comme ça quelques fois et que ça m'a amenée à essayer de faire mieux, sans pourtant y parvenir. » On connait tous ces difficultés, et parfois ces échecs, en conduisant notre famille dans l'adoration. Je tiens tout d'abord à préciser que ce livre ne vise pas à culpabiliser les maris, les mères ou les parents qui ont du mal à introduire le culte familial dans leur foyer.

Mon grand défi en écrivant ce livre a été de montrer les avantages du culte familial, son importance et ses bénéfices pour la famille chrétienne, tout en m'exprimant de manière à ne pas culpabiliser les maris, les pères et les mères en proie à des difficultés dans ce domaine. Si ce livre devait intensifier le sentiment de culpabilité chez le lecteur, je prierais qu'il soit vite retiré du marché. J'espère, au contraire, que cet ouvrage encouragera le lecteur à avoir une réelle détermination pour s'engager dans le culte familial, mais uniquement par la grâce de Dieu. En abordant le thème du culte familial, rappelons-nous que ce n'est rien de plus que notre réponse familiale à la grâce infinie et merveilleuse de Dieu. C'est d'ailleurs par cette même grâce que l'on se réunit avec les membres de sa famille pour se délecter de son excellente bonté et de sa gloire éternelle. En ce sens, le culte familial n'est pas un devoir. Notre position devant Dieu n'est pas affectée par notre assiduité ou notre négligence dans la pratique du culte familial. Christ a déjà tout accompli pour notre salut. Le culte familial, comme les autres disciplines spirituelles, devient plutôt quelque chose que nous *voulons* faire. De la même manière que le chrétien, changé par la grâce de Dieu, commence tout naturellement à lire la Bible, à chanter et à prier, ainsi la famille chrétienne qui est touchée par la grâce de Dieu, voudra se réunir pour lire la Bible, chanter et prier. De même que toute la vie chrétienne se vit dans la grâce, le culte familial s'apprécie et se pratique par cette même grâce.

Je ne suis pas un expert en matière de culte familial. Ma femme et mes enfants peuvent en témoigner. Ma famille et moi continuons d'apprendre et de progresser pour que nos cultes familiaux s'améliorent, et qu'ils soient pratiqués avec plus de fidélité, de constance et de joie. J'avoue que la tâche n'est pas toujours facile et que, parfois, elle semble même laborieuse. Mais j'ai été témoin des fruits qui s'accumulent dans une famille quand ses membres adorent ensemble régulièrement au sein du foyer. Les bénéfices du culte familial sont éternels et dignes d'être poursuivis. Considérons donc ce livre comme un encouragement à cette fin.

Les chapitres suivants présentent une base théologique et biblique solide pour le culte familial, accompagnée de conseils pratiques pour la vie de tous les jours, afin que nous puissions intégrer cette habitude dans nos foyers. En majeure partie, ce matériel a été élaboré à partir de mes propres luttes et réussites à la maison, ainsi que celles des familles que (et avec lesquelles) j'ai eu le privilège de servir. Le premier chapitre considère le but pour lequel nous avons été créés et recréés en Jésus-Christ. Nous sommes des adorateurs ; c'est le facteur dominant pour toute notre vie. Le chapitre 2 soulève la responsabilité particulière que nous avons de participer aux cultes familiaux. Le chapitre 3 vient compléter les premiers chapitres avec quelques raisons pratiques supplémentaires pour instaurer cette discipline bénéfique.

Certains d'entre vous sont peut-être déjà convaincus de l'appel à adorer Dieu avec votre famille et des bénéfices qui en découlent. Cependant, vous éprouvez peut-être des difficultés à mettre en pratique cette activité essentielle de façon régulière. Le cas échéant, vous pourriez sauter les premiers chapitres et lire le chapitre 4, où je commence à détailler les aspects pratiques du culte familial, ses moyens, ses manières (chap. 5), et ce que le culte familial n'est pas (chap. 6). Les chapitres 7 à 9 proposent des ressources additionnelles pour mettre en place le culte familial et tentent de répondre à des objections courantes concernant les luttes que l'on rencontre au tout début. Dans le chapitre 10, le lecteur trouvera des témoignages utiles de familles qui, malgré leurs difficultés, s'engagent honnêtement à pratiquer le culte familial à la maison.

Chers chrétiens, en lisant ce livre, rappelez-vous que Christ est votre joie et votre salut. Il prend plaisir en vous. Le culte familial est une autre occasion quotidienne de faire de lui nos délices avec ceux que nous aimons le plus dans cette vie. Que nous puissions être la génération qui revigore cette pratique éprouvée par l'histoire et qui devrait faire partie intégrante de la vie chrétienne pour notre bien, celui de notre famille et des générations futures.

CHAPITRE 1

DES ADORATEURS : CE QUE NOUS SOMMES

L'ADORATION : CE QUE NOUS FAISONS

Tout le monde vit pour quelque chose. C'est ainsi. Il se peut qu'on ne soit pas conscient de ce pour quoi l'on vit, mais on vit bien pour quelque chose. Naturellement, ce pour quoi on vit façonne notre quotidien. Certaines personnes vivent pour épargner de l'argent. Elles travaillent tous les jours pour économiser et amasser des fonds. Pour d'autres, leur raison d'être est leur famille. Tout tourne autour de l'éducation de leurs enfants, des matchs de football, des leçons de ballet et des réunions de scouts ; c'est ce qui dicte leur horaire chaque semaine. D'autres vivent pour la détente et le plaisir. Ils ont tendance à vivre seulement pour « passer à travers la journée » ! Ils ont juste hâte d'arriver chez eux pour s'asseoir devant la télévision. J'étais récemment dans un magasin de jeux vidéo pour acheter un cadeau à quelqu'un, lorsque j'ai entendu un employé dire qu'il avait hâte de rentrer chez lui pour jouer à un jeu vidéo en particulier. Il a même déclaré : « Je crois que j'ai été mis sur terre pour jouer à ce jeu-là. » Tout le monde vit pour quelque chose et ce quelque chose façonne nos activités quotidiennes. Cela dit, toutes les raisons de vivre ne se valent pas. D'une part, je suis reconnaissant que nous n'ayons pas été créés dans le seul but de jouer aux jeux vidéo. Ne vous méprenez pas, je sais apprécier un bon jeu vidéo, mais je crois qu'il y a plus à la vie que d'écraser des champignons et libérer la Princesse Toadstool. Si on n'a pas été créé pour les jeux vidéo, que fait-on sur terre ? Il n'y a rien de plus crucial pour notre compréhension de la vie que le fait que nous avons été créés par Dieu pour l'adorer. C'est ce qui définit l'être humain. Les gens peuvent bien vivre comme si la raison de leur existence était tout autre, mais nous avons tous été créés pour adorer Dieu. Adam a été créé à partir de la poussière de la terre pour être un adorateur. Ève a été créée à partir de sa côte pour être une adoratrice. Voilà ce qu'est l'homme et ce qu'est sa raison d'être. Pourtant, ce n'est pas toujours ainsi que nous vivons notre vie, ou que nous comprenons son but ultime. Pourquoi ? À cause des effets du péché. En choisissant de manger du fruit de l'arbre de la connaissance du bien et du mal, Adam a choisi d'ignorer l'appel de Dieu et de se rebeller (Ge 3). Au lieu d'adorer Dieu en se reposant sous sa dépendance et en obéissant à son commandement, l'homme a choisi d'être indépendant de Dieu et de contrecarrer son règne. Autrefois adorateur jouissant d'une communion parfaite avec Dieu, Adam est devenu un rebelle levant son poing pour défier Dieu.

En fait, nos premiers parents, Adam et Ève, n'ont pas juste choisi d'abandonner l'adoration de Dieu ; ils ont choisi d'adorer quelque chose de complètement différent : eux-mêmes. Le grand péché du jardin d'Éden est fondamentalement un échange d'objet d'adoration. Et l'humanité tout entière est tombée avec eux dans ce premier péché. Toute l'histoire humaine pourrait être décrite comme une histoire d'adoration. L'homme va-t-il adorer

Dieu, en accord avec ce pour quoi il a été créé ? Sera-t-il un adorateur en esprit et en vérité (Jn 4) ? Ou l'homme s'adorera-t-il lui-même ou adorera-t-il la création plutôt que le Créateur (Ro 1) ? C'est le grand drame de l'histoire humaine. Quelle décision fatidique Adam et Ève ont-ils prise ce jour-là ! Toutefois, il ne plaisait pas à Dieu que toute sa création soit silencieuse dans la louange. Il a donc choisi de se racheter un peuple pour lui-même, de sorte que nous puissions l'adorer pour toujours. Dieu lui-même, en la personne du Fils, s'est fait chair, a vécu sur terre, a souffert et est mort pour que nous soyons libérés de la culpabilité, du châtiment et du pouvoir du péché. Les chrétiens sont ceux qu'il a sauvés pour « célébrer sa gloire » (Ép 1.12). C'est la raison pour laquelle nous avons été créés et recréés ! C'est notre raison d'être. Voilà notre plus grand appel et notre dessein éternel : l'adorer. Pour les chrétiens, c'est plus qu'un appel élevé et éternel : c'est le désir de notre cœur. Notre Dieu rédempteur a répandu son amour dans nos cœurs. Dieu a montré son « amour envers nous, en ce que, lorsque nous étions encore des pécheurs, Christ est mort pour nous » (Ro 5.8). L'adorer n'est pas quelque chose que nous *devons* faire, c'est quelque chose que nous *voulons* faire. Si nous saisissons ce qu'il a fait pour nous, nous ne pouvons nous empêcher de l'aimer et de l'adorer. Seul un cœur reconnaissant et transformé par la grâce cherche Dieu dans l'adoration.

L'adoration en toutes choses

Quand on pense à l'adoration, il est vrai que nous devons « l'adorer en toutes choses ». Cela est clairement énoncé dans des passages tels que Romains 12.1, où on nous dit d'« offrir [nos] corps comme un sacrifice vivant ». Dans 1 Corinthiens 10.31, l'apôtre Paul nous dit : « Soit donc que vous mangiez, soit que vous buviez, soit que vous fassiez quelque autre chose, faites tout pour la gloire de Dieu ». En tant que chrétiens, notre vie est un acte d'adoration continuel. Néanmoins, tout en reconnaissant ce fait, veillons à ne pas nier ni diminuer l'importance de moments spécifiques d'adoration. Dans l'histoire de l'Église et celle du peuple de Dieu dans la Bible, il y a toujours eu trois sphères d'adoration clairement définies : le culte personnel, le culte corporatif et le culte familial[1]. On examinera brièvement ces trois types de culte avant de se concentrer pleinement sur le culte familial.

Première sphère : le culte personnel

Le culte personnel est la première sphère d'adoration dans la vie chrétienne. Le culte personnel désigne cette adoration individuelle que l'on pratique en privé, à l'abri des regards. Ces dernières années, on a souligné l'importance du culte personnel dans l'Église évangélique occidentale en mettant l'accent sur le « temps de méditation quotidienne ». Or, l'idée du culte personnel n'est pas nouvelle. On voit ce type de culte apparaître dans l'histoire du peuple de Dieu, à travers toutes les Écritures. On le remarque lorsque Dieu a appelé Josué après la mort de Moïse et qu'il l'a exhorté à méditer sa loi jour et nuit (Jos 1.8). Il est aussi mis en évidence dans la volonté de Daniel à braver une sentence de mort éventuelle en maintenant un temps d'adoration quotidienne dans la présence du Seigneur (Da 6). On l'observe fréquemment dans les psaumes qui traitent de l'adoration de Dieu comme faisant partie du quotidien, même durant la nuit sur notre lit (Ps 63.6 ; 77.6 ; 119.148). Dans le Nouveau Testament, on fait la connaissance d'un homme appelé Corneille. Il y est décrit comme « un homme craignant Dieu », caractérisé par un esprit de prière (Ac 10.1-8). C'est au cours d'un temps de prière, seul devant la face du Seigneur, que Dieu lui répond par sa grâce. Puis il y a Pierre, qui s'est lui-même mis à l'écart sur un toit en terrasse pour passer du temps seul avec le Seigneur (Ac 10.9). Tandis que Pierre cherche la face du Seigneur dans la prière, il reçoit l'instruction d'aller trouver Corneille, cet « homme craignant Dieu ». Toutefois, le plus grand argument sur l'importance que la Bible accorde au culte personnel se trouve dans les actions et les paroles mêmes de notre Sauveur. Jésus, le Fils de Dieu, en communion constante avec le Père, consacrait du temps pour son culte personnel. On nous dit, dans l'Évangile selon Marc : « Vers le matin, pendant qu'il faisait encore très sombre, il se leva et sortit pour aller dans un lieu désert, où il pria » (Mc 1.35). Si le Seigneur Jésus-Christ a jugé important de consacrer du temps pour son culte personnel, nous pouvons être convaincus qu'il s'agit d'une partie essentielle de notre vie d'adoration également ! En outre, Jésus l'a dit clairement dans le Sermon sur la montagne. Il assume que les disciples de Dieu le chercheront dans la prière : « Mais *quand* tu pries, entre dans ta chambre, ferme ta porte, et prie ton Père qui est là dans le lieu secret ; et ton Père, qui voit dans le secret, te le rendra » (Mt 6.6, italique pour souligner).

Tous ces passages et beaucoup d'autres nous montrent que le culte personnel est la responsabilité du chrétien. Au fil des siècles, les chrétiens n'ont pas seulement vu le culte personnel comme leur devoir, mais comme leur joie. Robert Murray M'Cheyne, un célèbre prédicateur écossais du XIXe siècle, l'a bien exprimé dans l'un de ses sermons : « Un croyant aspire à être près de Dieu, à venir dans sa présence, à ressentir son amour, à se sentir proche de lui en secret, à sentir, dans la foule, qu'il est plus proche que toutes les créatures. Ah ! Chers frères, avez-vous déjà goûté à cette béatitude ? Il y a plus de repos et de réconfort à être dans la présence de Dieu pendant une heure que d'être une éternité dans la présence d'un homme[2]. » La promesse du culte personnel, comme dans tous les moments d'adoration, est d'être dans la présence de notre Dieu glorieux. Il n'y a pas plus grande joie ou bénédiction que celle-là.

Deuxième sphère : le culte corporatif

Le culte corporatif est la seconde sphère clé de l'adoration dans la vie du chrétien. Si le culte personnel est un temps où nous fermons la porte pour passer un moment en privé avec Dieu dans le calme et la solitude, le culte corporatif est à l'opposé de cela. C'est la sphère publique et communautaire du culte.

Il n'y a pas si longtemps, ce livre aurait pu être écrit et ne mentionner qu'une brève phrase sur l'importance du culte corporatif. Or, depuis quelques années, l'impensable s'est produit : certains chrétiens prétendent que le chrétien individuel n'a pas besoin du culte corporatif. Quelle idée malavisée et nuisible !

Il y a un caractère corporatif à notre foi. Nous sommes appelés le « troupeau » de Christ (Lu 12.32 ; Jn 10.16 ; Ac 20.28 ; 1 Pi 5.2,3), « l'épouse » de Christ (Ép 5 ; Ap 19.7 ; Ap 21.2,9) et un « édifice, bien coordonné, [s'élevant] pour être un temple saint dans le Seigneur » (Ép 2.21). Ce sont toutes des expressions corporatives. La plus grande métaphore pour l'Église dans le Nouveau Testament est celle du « corps ». Nous sommes le corps de Christ. Certes, cela témoigne de notre dépendance vis-à-vis de la tête, Jésus-Christ, mais cela proclame aussi notre dépendance totale envers les autres chrétiens. C'est l'argument avancé dans 1 Corinthiens 12.12 : « Car, comme le corps est un et a plusieurs membres, et comme tous les membres du corps, malgré leur nombre, ne forment qu'un seul corps, ainsi en est-il de Christ. » Nous sommes tous membres les uns des autres et nous avons besoin les uns des autres. L'auteur de l'épître aux Hébreux nous rappelle ne pas délaisser l'assemblée pour cette même raison (Hé 10.25).

Dans la Bible, on voit qu'en dépit du lieu de rencontre, que ce soit au pied du mont Sinaï, au temple, à la synagogue ou dans les maisons (voir les Actes), le peuple de Dieu adore Dieu quand ils se rassemblent. Notre lien commun est notre union en Christ, notre Sauveur. Il est donc tout à fait naturel d'adorer notre Dieu vivant quand nous sommes ensemble. Chaque semaine, le jour du Seigneur, on a hâte « d'aller à la maison de l'Éternel » pour y rencontrer notre Dieu et son peuple. Charles Spurgeon a fait ces commentaires basés sur le Psaume 42 :

> Exclu du bénéfice de culte *public* (italique pour souligner), David était démoralisé. Il ne cherchait pas la facilité, ne convoitait pas l'honneur, mais jouir de la communion avec Dieu était le besoin urgent de son âme ; il le considérait non seulement comme le plus délicieux de tous les luxes, mais comme une nécessité absolue, comme l'eau fraîche l'est pour une biche. Tel le voyageur assoiffé dans le désert dont la gourde est vide et qui ne trouve que des puits à sec, il doit boire ou mourir ; il lui faut son Dieu ou il défaille. Son *âme*, son être même, sa vie la plus profonde a cruellement besoin de la présence divine. Alors que le cœur crie, son âme prie. Donnez-lui son Dieu et il sera aussi content que la pauvre biche qui étanche longuement sa soif et est parfaitement heureuse ; ôtez-lui son Seigneur et son cœur se serre, sa poitrine palpite, tout son être se convulse, comme celui qui halète pour respirer, ou qui est épuisé après une longue course[3].

Troisième sphère : le culte familial

La troisième sphère d'adoration est le culte familial. C'est aussi le domaine sur lequel nous allons nous concentrer dans cet ouvrage. La majorité des chrétiens évangéliques sont conscients de l'importance du culte personnel et du culte corporatif, mais peu ont entendu parler du culte familial. À croire que cette sphère est tombée en désuétude ! Le prochain chapitre se propose donc d'aborder les fondements bibliques du culte familial, mais précisons, même à ce stade, que le culte familial est important pour la vie chrétienne. Ce devrait être quelque chose que la famille chrétienne cherche à pratiquer pour le bénéfice de tous à la maison. Le culte familial est cette sphère d'adoration incluant ceux qui vivent sous le même toit dans un moment d'adoration ensemble. Cela peut inclure une mère monoparentale avec ses enfants, trois générations d'une même famille, la famille immédiate et l'oncle Bob, qui vit dans la chambre d'amis, ou la famille traditionnelle avec le père, la mère et les enfants (2,5 enfants en moyenne pour être exact). Peu importe la composition de notre famille, on devrait avoir le désir de se réunir régulièrement pour adorer Dieu ensemble.

Un foyer chrétien, c'est quand plus de deux ou trois chrétiens vivent dans la même maison. Or, quelques chrétiens vivant sous le même toit ne font pas une famille chrétienne, pas plus que deux ou trois banquiers vivant sous le même toit ne font une banque. Un foyer chrétien cherche à être centré sur Christ. Dans la mesure où Christ est le centre du foyer, la maison est remplie d'adoration. Tout comme la vie du chrétien est caractérisée par du temps consacré au culte personnel, et tout comme nos rassemblements en tant que communauté chrétienne doivent se centrer sur l'adoration de Dieu, le foyer d'une famille chrétienne devrait être caractérisé par le culte familial. Ainsi que l'a exprimé Richard Baxter, célèbre pasteur de Kidderminster : « [...] La prière et la louange font à ce point partie intégrante du service pour Christ qu'aucune famille ou personne ne peut être considérée comme étant consacrée à Dieu, à moins d'être consacrée à ces choses-là[4] ».

L'adoration est le cœur et l'essence mêmes de ce qu'est une famille chrétienne pour nous. En tant que familles chrétiennes, nous voulons que nos familles adorent Dieu.

Trois sphères en une seule vie

Je vais utiliser une illustration clichée, mais je *suis* un pasteur, et peu de pasteurs ont rejeté des illustrations parce qu'elles étaient surutilisées. Je parle de l'illustration du tabouret à trois pieds. Si un pied est brisé, alors le tabouret ne peut plus tenir debout. On peut l'appuyer sur un mur pour un temps, mais il est bancal et dangereux. Le tabouret va finir par tomber. Il ne peut rester en équilibre avec deux pieds seulement. De même, la vie chrétienne vécue dans l'adoration doit fonctionner dans ces trois sphères. Un chrétien va s'épanouir en pratiquant le culte personnel, le culte corporatif *et* le culte familial. Ces trois sphères sont également importantes pour notre vie en Christ. Chacune d'elles supporte un poids et elles s'influencent les unes les autres. Quand mon culte personnel est défaillant, voire inexistant, mon adoration dans la communauté et la famille est affectée. Si ma participation au culte corporatif est rare, mon culte personnel et mon culte familial en souffriront. Ces trois sphères de culte sont liées, se soutiennent et s'encouragent l'une l'autre, car chacune me permet de rencontrer le Seigneur et de bénéficier de sa grâce.

Quand je fais de l'Éternel mes délices dans mon culte privé, je ne l'apprécie que davantage dans le culte corporatif. Aussi, lorsque j'entends la Parole de Dieu durant le culte corporatif, cela incite et stimule mon cœur et mon esprit à conduire ma propre famille dans l'adoration. En adorant Dieu avec ma famille, mon affection et mon amour pour le Seigneur augmentent, ce qui m'encourage dans mon culte personnel et mon culte corporatif. Chacun influence l'autre. Si je dépéris dans l'une de ces sphères, je vais découvrir que je dépéris également dans les autres sphères.

Chacune de ces sphères d'adoration a été voulue par Dieu pour notre bien. Elles existent et fonctionnent pour lui permettre de déverser sur nous ses grâces. C'est un cadeau extraordinaire.

Dans les chapitres suivants, nous examinerons pourquoi et comment le culte familial peut s'épanouir dans nos vies. En grandissant dans la grâce de Dieu dans ce domaine-là, notre adoration dans les autres sphères s'épanouira aussi. Ainsi, c'est grâce sur grâce.

sorte, une petite église[1]. » À qui revient la responsabilité d'encourager la famille à être une « petite église » ? On pourrait dire que c'est la responsabilité commune du mari et de sa femme. C'est vrai dans le sens où tous les deux devraient chercher à encourager l'adoration au sein de leur propre foyer et chercher à se soutenir mutuellement. Ainsi, mari et femme ou père et mère partagent cette responsabilité du culte familial, une responsabilité non pas comme une chose qu'on *doit* faire, mais qu'on *veut* faire en tant que chrétiens sauvés par une grâce aussi merveilleuse. Toutefois, le mari, appelé à aimer et à prendre soin de sa femme, est responsable du leadership spirituel dans son propre foyer. C'est essentiellement le rôle du père, en tant que chef de famille, de nourrir spirituellement ses enfants en les conduisant dans l'adoration. En cas d'absence physique ou spirituelle du père, cette joyeuse responsabilité incombe à la mère. On souhaiterait que ce ne soit jamais le cas, mais cette réalité est malheureusement courante à notre époque. Dans ce cas, la mère qui désire que sa maison soit toujours remplie d'adoration se chargera donc de cette responsabilité, qui idéalement, ne devrait pas lui incomber.

Un encouragement biblique

Peut-être les premiers encouragements en faveur du culte familial dans la Bible se trouvent-ils dans Genèse 18.19. Dieu a dit d'Abraham : « Je l'ai choisi, afin qu'il ordonne à ses fils et à sa maison après lui de garder la voie de l'Éternel... » Comment Abraham a-t-il enseigné ses enfants ? Il n'y avait pas d'église. Abraham a dû les enseigner à la maison. Durant toute l'époque des patriarches, ils ne pouvaient se rassembler avec personne d'autre que les membres de leur propre famille. Cela n'a pas empêché l'adoration et la vérité de Dieu d'être transmises de génération en génération, par le biais de cette famille. Les ordonnances

officielles du culte corporatif se dessinent à partir de l'exode
d'Égypte et de l'établissement de la nation d'Israël. Toutefois,
même lorsque Dieu donne la loi à son peuple et l'établit comme
nation pour sa gloire, il réitère l'importance d'enseigner la parole
dans la famille. Deutéronome 6.6,7 dit ceci : « Et ces commandements, que je te donne aujourd'hui, seront dans ton cœur. Tu les
inculqueras à tes enfants, et tu en parleras quand tu seras dans ta
maison, quand tu iras en voyage, quand tu te coucheras et quand
tu te lèveras. »

La Bible n'hésite pas à définir le privilège distinct ainsi que
la responsabilité qu'ont les parents chrétiens d'instruire leurs
enfants à connaître Dieu, à l'aimer et à trouver leur plaisir en lui.
Les commandements de Dieu et les exemples mentionnés dans
la Bible sont explicites à ce sujet. Il ne suffit pas d'être bien inten-
tionné dans notre démarche. Il faut aussi être disposé à offrir le
même type d'accompagnement que l'on voit chez des parents
qui sont honorés dans la Bible. Prenons l'exemple de Job. Voilà
un homme vertueux qui a pris au sérieux le mandat de s'occuper
de l'état spirituel de sa famille. Il se levait tôt le matin et offrait
des sacrifices ainsi que des prières pour chacun de ses enfants,
devant le trône de Dieu. L'état de l'âme de chacun de ses enfants
occupait son esprit au quotidien.

La sagesse des temps anciens

C'est peut-être dans le Psaume 78 que l'importance du culte
familial est la plus évidente. Il s'agit d'un beau chant sur les
soins apportés par le Seigneur à la nation israélite. La génération
d'Asaph avait reçu le témoignage de l'œuvre et de la provision
de Dieu pour la nation d'Israël. Asaph rappelle à sa génération
qu'ils doivent à leur tour transmettre ces choses à la génération
suivante. Le psalmiste dit : « J'ouvre la bouche par des sentences,

je publie la sagesse des temps anciens » (v. 2). Ce n'est pas une sagesse difficile à comprendre, mais elle demande à être étudiée. Quelle est cette sagesse qui doit être attentivement examinée ? La réponse se lit au verset 3 : « Ce que nous avons entendu, ce que nous savons, ce que nos pères nous ont raconté ». Il décrit ce qui serait une bénédiction d'entendre de la bouche des chefs de familles chrétiennes aujourd'hui. On ne vend pas des « vérités » nouvelles ou des produits qui n'ont pas fait leurs preuves. On enseigne ce qui a été transmis parmi les croyants depuis des siècles. En réalité, on raconte l'histoire qui a été racontée parmi les croyants fidèles depuis le commencement. On fait partie d'une longue lignée remontant jusqu'à Adam, une lignée de gens fidèles qui racontent l'histoire rédemptrice, la *véritable* histoire. Cette histoire est celle qui est présentée dans la Bible ; c'est l'histoire véridique de Dieu et de ses actes glorieux.

Ce psaume nous rappelle ce que l'on doit enseigner à nos familles. Quand je pense à ma responsabilité de prendre soin de mon épouse et de mes enfants sur le plan spirituel, je ne cherche pas à transmettre mes expériences subjectives en premier lieu. Les fables ou les leçons morales ne sont pas non plus ma préoccupation première. Je cherche avant tout à transmettre la vérité de notre Dieu : ce qu'il est et ce qu'il a fait. En tant que parents chrétiens, nous avons l'un des plus grands privilèges de la vie : enseigner à nos enfants à connaître Dieu et sa Parole.

Cette histoire est *notre* histoire

Alors que nous réfléchissons à cela, il peut être utile de se rappeler que l'on ne parle pas seulement d'une histoire lointaine concernant d'autres personnes, mais que nous et nos familles sommes des acteurs dans cette grande histoire. Nous avons besoin de nous le rappeler, à nous et à nos enfants, sans cesse. Le culte familial est l'occasion idéale de le faire au quotidien. Nous faisons partie d'une longue lignée de saints, d'Adam à Noé, de Jacob à Joseph, de Néhémie à Jean-Baptiste, jusqu'à l'apôtre Paul. En tant que chrétiens, nous voulons que cette histoire se poursuive pendant des générations dans notre famille, et cela pour la gloire de Dieu. Nous avons été des bénéficiaires de cette grâce et nous souhaitons plus que tout que ce « bon dépôt » (2 Ti 1.14), qui nous a été confié, soit transmis à la génération suivante. Il n'y a pas de meilleure façon d'encourager cela que par la pratique quotidienne du culte familial.

Quand vous lisez la Bible, vous voyez-vous comme un personnage clé dans cette histoire rédemptrice ? C'est une question que je me suis posée, voilà quelques années, en observant une classe d'école du dimanche à mon église. L'un des jeunes garçons de six ans dans la classe se nommait Samuel (Sam). Ce dimanche-là, la classe portait sur l'appel du prophète Samuel. Le professeur a demandé si quelqu'un connaissait l'histoire. Aussitôt, Sam a levé sa main. À peine l'enseignant lui a-t-il donné la parole que celui-ci s'est empressé de raconter l'histoire. C'était un régal de voir ça. Ce garçon de six ans se rappelait tous les détails de l'histoire du puissant appel de Dieu : « Samuel, Samuel ! » Après une dizaine de minutes à raconter tous les événements de l'histoire en question, il s'est enfin arrêté. Le professeur a voulu savoir pourquoi il connaissait si bien l'histoire. Sa réponse ne tarda pas : « Ça parle de moi ! »

Vous voyez-vous comme un personnage clé dans l'histoire rédemptrice ? Pas dans le sens du petit Sam, dont l'interprétation était (adorablement) quelque peu erronée, mais comprenez-vous que Dieu continue de nous appeler et de nous utiliser dans son service pour l'extension de son royaume sur terre et pour sa gloire ? Pères, maris, épouses et mères, comprenez-vous qu'il s'agit là d'une joyeuse responsabilité ?

Le psalmiste poursuit : « Nous ne le cacherons point à leurs enfants ; nous dirons à la génération future les louanges de l'Éternel » (Ps 78.4). Sommes-nous prêts à faire cette même promesse ? Si nous saisissons l'importance de ce qui nous a été transmis, il est impossible de le garder pour nous. Nous devons le partager. Les parents chrétiens voudront demander au Seigneur d'œuvrer à travers eux, afin que cette nouvelle génération puisse voir ses actes glorieux, sa puissance et les merveilles qu'il a accomplies, et qu'elle puisse, à son tour, « *[célébrer son]* nom glorieux » (1 Ch 29.13). L'Église a historiquement considéré le culte familial comme étant l'un des moyens les plus utiles et efficaces de proclamer cette vérité à la prochaine génération, et de rendre gloire à Dieu dans la présente génération. En 2011, Joel Beeke s'est adressé aux pasteurs sur ce sujet lors de la conférence « Desiring God » (Désirer Dieu) aux États-Unis. Il a fait cette réflexion très pertinente : « En conduisant sa famille dans le culte familial, le chef de famille est peut-être l'outil le plus important que Dieu utilise comme moyen de salut. »

Des bénédictions inespérées

Toutefois, la génération actuelle et la génération suivante ne sont pas les seules à être influencées par le culte familial, pour la gloire et l'honneur de Dieu. Le psalmiste continue dans les versets 5 et 6 : « Il a établi un témoignage en Jacob, il a mis une loi en Israël, et il a ordonné à nos pères de l'enseigner à leurs enfants, pour qu'elle soit connue de la génération future, des enfants qui naîtraient, et que, devenus grands, ils en parlent à leurs enfants ».

Le psalmiste brosse un tableau dans lequel une génération bénit la prochaine génération, mais la bénédiction ne s'arrête pas là : elle continue de s'étendre sur ceux qui suivent. C'est un effet de cascade, où une génération a un impact sur une autre.

Je connais bien cette réalité, mais dans un autre domaine. J'ai été un généalogiste passionné. Il est fascinant de regarder notre arbre généalogique et d'apprendre les noms et lieux de naissance de nos ancêtres. Cependant, ce que j'ai trouvé de plus excitant encore dans ces recherches généalogiques, ce sont les anecdotes qui émergent dans les pages de l'histoire des membres de ma famille : comment une rencontre « fortuite » entre deux étrangers a donné naissance à une nouvelle branche dans l'arbre généalogique. Ma grand-mère casse le talon de son soulier et l'apporte chez un cordonnier. Elle tend sa chaussure à un beau jeune homme grec et, peu de temps après, ils sont mariés. Vous pouvez imaginer le nombre de fois où ce talon a dû être réparé après cette première rencontre ! La rencontre de deux individus peut changer le cours de notre arbre généalogique et avoir un impact sur la génération suivante !

Vous et moi avons aussi un arbre généalogique spirituel. On ignore le nombre de générations que l'on influencera en partageant l'Évangile, les Écritures, et en parlant de notre Seigneur avec nos enfants. L'espoir du psalmiste dans le verset 7 n'est-il pas notre plus grand espoir pour nos enfants ? Quand je pense à transmettre la foi à mes enfants, j'ai souvent le verset 7 à l'esprit : « Afin qu'ils mettent en Dieu leur confiance, qu'ils n'oublient pas les œuvres de Dieu. » Ce doit être le désir sincère de notre cœur : que nos enfants mettent leur espérance en Dieu et qu'ils enseignent, à leur tour, leurs enfants ! Et qu'*ils* placent en Dieu leur espérance et qu'ils enseignent *leurs* enfants, et ainsi de suite ! Si tel est notre souhait, le culte familial devient attrayant. Comment ne le serait-il pas ?

Un appel pour les chefs de famille

Dans ce psaume, Asaph ne laisse pas cette responsabilité aux Lévites ou aux prêtres, c'est-à-dire à ceux qui occupent des fonctions publiques de leadership spirituel, mais aux pères. Il dit, au verset 5 et aux suivants : « Il a établi un témoignage en Jacob, il a mis une loi en Israël, et il a ordonné à nos pères de l'enseigner à leurs enfants ». L'enseignement religieux est la responsabilité du chef de famille. Par conséquent, en terminant ce chapitre, je tiens à m'adresser directement aux maris et aux pères. À notre époque, nous, les pères et maris, avons négligé notre responsabilité de façon générale. Il y a beaucoup de foyers chrétiens où le père ou le mari est absent physiquement ou spirituellement. Et si c'est le cas, comme on l'a déjà dit (et l'on y reviendra plus tard au chapitre 8), on souhaite encourager les mères à se charger de cette joyeuse responsabilité. Néanmoins, je sais que plusieurs pères chrétiens liront ce livre, et je souhaite qu'ils réalisent cet appel. Si le père est présent dans le foyer, il doit se voir comme le pasteur de cette petite assemblée. Il doit être le théologien résident de son domicile et servir comme pasteur dans sa propre maison. Son ministère envers sa femme et ses enfants est très important. John Knox, le père du presbytérianisme au XVIᵉ siècle, a déclaré, dans une missive adressée aux réfugiés à Genève : « Pères, vous êtes évêques et rois ; votre épouse, vos enfants, vos serviteurs et votre famille sont votre évêché et votre responsabilité. Vous devrez rendre compte de la façon dont vous leur aurez transmis, avec soin et diligence, la vraie connaissance de Dieu, comment vous aurez veillé à implanter en eux la vertu et [à] réprimer le vice. Ainsi donc, je dis que vous devez les faire participer à la lecture, aux exhortations et aux prières communes, voilà ce que je voudrais que toutes les maisons fassent au moins une fois par jour[2]. »

Pourquoi est-ce que je dis que les pères et les maris doivent prendre conscience de cette responsabilité ? Parce que, dans un monde idéal, les pères et maris devraient diriger leurs familles dans les choses spirituelles. Lors de la Création, Dieu a établi cet ordre et cette responsabilité. Adam était responsable d'Ève. La manière dont Dieu l'a créée à partir d'une côte d'Adam est un signe tangible. Elle est égale à lui en stature et en dignité, mais il est responsable d'elle. Elle est sous sa garde et sa protection. Vous êtes-vous déjà demandé pourquoi le péché dans l'épisode du jardin d'Éden est appelé, dans la Bible, le péché d'Adam ? C'est pourtant Ève qui a vu « que l'arbre était bon à manger et agréable à la vue ». C'est Ève qui, la première, « prit de son fruit et en mangea ». Ce n'est qu'après en avoir pris une bouchée, qu'elle « en donna aussi à son mari, qui était auprès d'elle, et il en mangea » (Ge 3.6). Malgré tout, la Bible l'appelle le péché d'Adam (Os 6.7 ; Ro 5.14). Pourquoi ? Parce qu'Adam était responsable d'Ève. Sa culpabilité n'est pas la sienne, certes, mais il est responsable d'elle. Même après la chute, la relation entre mari et femme n'a pas changé à cet égard. Le mari est toujours responsable de l'état spirituel de sa femme et de ses enfants. Ils sont sous sa garde. C'est pourquoi le mari doit s'efforcer de conduire son épouse, et le père chrétien doit amener ses enfants à s'approcher de Dieu.

Dans 1 Timothée 5.8, Paul dit à son jeune protégé : « Si quelqu'un n'a pas soin des siens, et principalement de ceux de sa famille, il a renié la foi et il est pire qu'un infidèle. » Paul parle de la responsabilité d'un chef de famille envers ceux qui la composent. La position de cet homme ne vise pas la complaisance, mais la provision. Sa responsabilité est grande. Il doit pouvoir aux besoins de ceux qui sont sous ses soins. Et cette provision ne concerne pas seulement leurs besoins physiques. Beaucoup de maris et de pères chrétiens pensent qu'ils s'acquittent de leur obligation en couvrant les besoins matériels de leur famille. Cela ne suffit pas ! Si nos femmes et nos enfants n'étaient que des corps physiques, il serait alors normal de couvrir uniquement leurs besoins matériels. Mais ce ne sont pas juste des êtres physiques ; ils ont une âme éternelle ! Leur bien-être spirituel doit également être assuré.

Les chapitres 5 et 6 d'Éphésiens soulèvent également ce point concernant la responsabilité des maris et des pères. Le mari est le chef de sa femme, tout comme Christ est le chef de l'Église. La question n'est jamais de savoir *si* le mari est le chef de sa femme. La question est de savoir s'il *agit* comme un chef à l'image de Christ envers sa femme. Il doit lui montrer Christ. Dans ce même passage, Paul commande aux pères de prendre soin de leurs enfants : « Et vous, pères, n'irritez pas vos enfants, mais élevez-les en les corrigeant et en les instruisant selon le Seigneur » (Ép 6.4). Nous devons faire des disciples de ceux qui sont sous notre garde et les instruire. Certes, nous faisons cela en les amenant à l'église et en répondant à leurs questions au sujet de Dieu avant qu'ils aillent au lit. Mais ce n'est pas suffisant. Donald Whitney, professeur au Southern Baptist Theological Seminary, a dit au sujet de ce texte : « Sans une régularité, une structure et un objectif, c'est une de ces choses qu'on pense faire, sans jamais vraiment la faire. Le culte familial régulier dirigé par le père est l'un des moyens les plus efficaces d'élever les enfants dans la discipline et l'instruction du Seigneur, tout en suivant leur progrès[3]. » En négligeant cette occasion d'adorer Dieu ensemble, on passe à côté de ce qui devrait être au centre même de notre vie de famille.

Maris et pères, Dieu vous a donné le bonheur, en tant que chef de famille, de servir de berger pour prendre soin de ce petit troupeau. Il est temps de saisir le bâton pour conduire les brebis que le Seigneur nous a confiées. Il est difficile, voire impossible, de prendre bien soin de ses brebis, de notre famille, en négligeant le culte familial. C'est peut-être la première fois que vous considérez le culte familial, ou c'est peut-être quelque chose que vous aviez entrepris, mais que vous avez finalement laissé tomber. Dans les deux cas, il est le temps de reprendre le flambeau. Le culte familial peut être l'un des aspects les plus bénéfiques et satisfaisants dans la vie de votre famille en Christ. Combien il est bon d'amener sa famille devant Dieu et de retrouver, chaque jour, sa grâce abondante ! Est-ce toujours facile ? Non. Est-ce notre joyeuse responsabilité ? Oui. Efforçons-nous donc de bien diriger nos familles, en nous appuyant complètement sur Christ. Soyons des hommes qui aiment leur Seigneur en aimant nos familles. Aimons nos familles en prenant soin de leurs âmes, et en conduisant nos femmes et nos enfants dans l'adoration. Vous découvrirez que c'est un pur bonheur ! Nous concluons ce chapitre avec l'encouragement de Douglas Kelly, un éminent théologien et professeur réformé :

> Une lecture respecteuse de l'Ancien et du Nouveau Testament nous conduira à une conclusion sans équivoque : le culte familial, qui dépend beaucoup du chef de famille guidant tous les jours sa famille devant Dieu dans l'adoration, est l'une des structures les plus puissantes qui aient été données par le Dieu de l'alliance pour l'expansion de la rédemption à travers les générations, de sorte que des multitudes puissent être amenées dans l'adoration et la communion avec celui qui est digne « de recevoir la gloire, l'honneur et la puissance ; car tu as créé toutes choses, et c'est par ta volonté qu'elles existent et qu'elles ont été créées » (Ap 4.11)[4].

Quand on pense à l'encouragement biblique et à la joyeuse responsabilité que nous avons d'adorer Dieu dans nos maisons, on prend conscience que la raison principale de s'investir dans le culte familial est la gloire de Dieu. Dieu est honoré et glorifié quand une famille chrétienne se réunit pour communier avec lui, recevoir de lui et lui offrir sa louange, son adoration et ses actions de grâces. Le culte familial est une bannière vivante qui parle plus fort que tout écriteau posé sur le manteau de la cheminée ou toute gravure accrochée au mur proclamant haut et fort : « Moi et ma maison, nous servirons l'Éternel » (Jos 24.15).

CHAPITRE 3

D'AUTRES RAISONS PRATIQUES ?

Si l'on souhaite engager sa famille dans le culte familial, c'est avant tout parce qu'il honore et glorifie Dieu. Il y a cependant beaucoup d'autres bénéfices liés à la pratique du culte familial. En voici quelques-uns.

Il met Christ au centre de nos familles

Le culte familial a pour effet de mettre Christ au centre de nos foyers. On ne peut prétendre être une famille chrétienne et dire que Dieu est au centre de nos vies quand nos foyers se focalisent sur autre chose. Sur quoi notre famille se concentre-t-elle ? La réflexion s'avèrera bénéfique pour chacun d'entre nous. Si nous sommes honnêtes, pour plusieurs, ce n'est probablement pas sur Christ. On aime Jésus, on est chrétien et on prie pour nos familles tous les jours. Pourtant, nos foyers ne sont pas centrés sur Christ. Il y a tant de choses agréables et bonnes dans la vie qu'elles occupent facilement le centre de la scène, sans même que l'on s'en aperçoive.

Le culte familial quotidien est un rappel constant que nous sommes des adorateurs de Jésus-Christ. Il présente l'avantage d'amener le foyer à être centré sur cette adoration. Une famille qui lit la Bible, prie ensemble et chante des louanges à la gloire de Dieu va commencer à avoir des actions, des pensées et des paroles façonnées par cet événement quotidien. N'est-ce pas le genre de famille que l'on désire avoir ? En tant que jeune parent, je ne peux vous dire combien de parents esseulés m'ont fait le commentaire suivant : « Profitez de vos enfants pendant que vous les avez, car bientôt, ils ne seront plus là. » Avant que nos enfants quittent notre foyer, par la grâce de Dieu, je veux qu'ils aient expérimenté ce que c'est que de vivre dans une maison saturée d'adoration. En tant que parents, on souhaite que nos enfants quittent la maison en étant reconnaissants pour beaucoup de choses. C'est une bonne chose de les amener à leurs parties de football et de se blottir ensemble sur le canapé pour regarder une émission de télé. Mes enfants et moi aimons nous blottir sur le canapé pour regarder Julia Child cuisiner et tenter d'imiter sa voix. Mais je ne veux pas que ce soit le souvenir dominant dans leur esprit, car cela voudrait dire que ce sont ces types d'événements qui auront caractérisé notre vie ensemble.

Quand nos enfants partiront de la maison, que diront-ils à propos de ce qu'était le centre de la vie de famille ? Voulons-nous qu'ils soient *principalement* reconnaissants pour des parents qui auraient passé leur temps à regarder la télévision avec eux et à assister à leurs tournois sportifs ? Ou souhaitons-nous que nos enfants quittent le domicile familial en ayant compris que l'adoration de Christ est au centre de ce que l'on est et de ce que l'on fait, et que Christ est ce que nous avons de plus cher à nos yeux ? Je crois que nous voudrions tous, par la grâce de Dieu, que nos enfants puissent dire un jour : « Nos parents étaient bizarres ; ils avaient de nombreux défauts et n'étaient pas parfaits. Mais on sait qu'ils aimaient le Seigneur, qu'ils l'adoraient et qu'ils étaient déterminés à nous faire connaître l'amour de Christ. »

Il encourage nos enfants en Christ

Le culte familial encourage nos enfants dans les choses de Christ. Ils vont apprendre de papa et maman qu'adorer Dieu n'est pas seulement réservé au dimanche matin. C'est la chose la plus importante qui est au cœur même de notre être. Nous ne les élevons pas pour qu'ils deviennent seulement des personnes morales et compétentes, mais de manière à ce qu'ils soient des adorateurs de Dieu.

Une mère chrétienne m'a fait remarquer qu'il est facile d'adopter la mentalité qui veut que l'on élève ses enfants pour les préparer à être des individus matures, compétents et prêts à affronter le monde, quand ils quitteront le foyer. Or, cela ne suffit pas. En tant que parents chrétiens, on ne peut pas se contenter de quelque chose de si limité et restreint. En tant que parents *chrétiens*, notre but dans l'éducation de nos enfants n'est pas de les préparer à affronter le monde en tant qu'adultes matures. Notre objectif est de les préparer pour l'éternité ! Ce doit être le plus grand désir de tout parent chrétien. Le reste vient en deuxième position, et de loin, en ce qui concerne la vie et l'univers de nos enfants. En effet, on sait bien qu'en fin de compte, c'est leur foi en Christ et leur consécration à son service qui comptent. On ne peut pas forcer les choses. Je ne peux rien garantir, mais je sais que le culte familial conduit nos enfants à chercher Christ tous les jours et que c'est la meilleure chose que je peux leur donner. Je ne pense pas qu'il soit exagéré de dire que le plus grand encouragement que l'on puisse donner à ses enfants en vue de leur salut est le culte familial quotidien. Si cela n'est pas une raison suffisante pour s'y mettre, je ne sais pas ce qui pourrait l'être.

Il encourage le caractère chrétien

Le foyer est peut-être l'endroit où il est le plus difficile de vivre sa vie chrétienne. Ce n'est pas par hasard si Paul s'adresse à chaque membre de la famille chrétienne dans les passages d'Éphésiens 5 – 6 et de Colossiens 3. La triste réalité est que l'on manifeste davantage le caractère de Christ et les grâces de l'Esprit à l'église, au travail et dans la communauté, qu'au sein de nos propres foyers. Certains diront que cela révèle notre hypocrisie en tant que chrétiens, mais c'est beaucoup plus profond que cela ! On voit souvent le foyer comme un refuge et on se laisse aller dès qu'on passe la porte. On enfile des vêtements confortables et on se détend. À bien des égards, on fait la même chose sur le plan spirituel. On relâche sa vigilance. On laisse la familiarité et le confort nous endormir. On devient moins vigilant dans notre lutte contre le péché et notre poursuite de la sainteté.

Il est prouvé que la plupart des accidents de circulation se produisent à moins de 2 km du domicile d'une personne. Pourquoi ? Tout d'abord, parce qu'on emprunte cet itinéraire plus souvent qu'un autre. Or, ce n'est pas le seul facteur : à l'approche de la maison, on se détend et on relâche sa vigilance. S'il y a un endroit où je dois être particulièrement sur mes gardes envers le péché, la chair et notre adversaire, c'est bien à la maison. La nonchalance et la familiarité sont un terrain propice au péché. Le culte familial sert alors de rappel quotidien quant à l'importance de se conduire en chrétien, à l'intérieur comme à l'extérieur de chez soi. En vérité, notre caractère chrétien, ou son absence, se manifeste plus clairement par notre façon de vivre entre les quatre murs de notre maison et dans le confort de notre famille que n'importe où ailleurs.

Il favorise la paix à la maison

Nous sommes des pécheurs vivant sous le même toit dans un espace exigu. C'est voué au désastre, voire à l'affliction ! Nous ne connaissons les membres de notre famille que trop bien. Et ils nous connaissent trop bien aussi ! Ils ont été témoins de notre orgueil, de notre égoïsme, de notre colère ou de notre paresse. Nous avons été témoins des mêmes travers chez eux. Comme nous le savons tous, nous ne sommes pas les seuls à qui nos péchés font du tort. Ils affectent également les autres, et particulièrement nos proches. Ceux que nous aimons le plus sont souvent ceux qui nous ont fait souffrir le plus et vice-versa. C'est tout simplement la réalité de l'amour et de la vie de famille. Plus on aime, plus on est vulnérable. C'est généralement la souffrance sur le long terme qui pèse le plus sur une famille.

En tant que pasteur, j'ai vu très peu de mariages se terminer par un divorce en raison d'un adultère ou d'un autre péché « notoire ». En revanche, la plupart des divorces ont lieu à cause d'une souffrance, d'un manque de pardon, de rancunes, ou d'autres choses qui se sont accumulées au fil du temps. Le culte familial aide une famille à faire face à ses propres péchés et à leurs effets sur chacun. À titre d'exemple, il est terriblement difficile pour un père de conduire sa famille dans l'adoration quand il vient de crier après sa femme. S'il veut amener sa famille devant le trône de grâce, il va d'abord devoir demander pardon à sa femme. De son côté, celle-ci aura du mal à adorer, à moins qu'elle ne lui pardonne volontiers. Les enfants de ce couple observeront et en tireront des leçons. Ils seront encouragés à rechercher la paix et le pardon comme cela leur aura été démontré par leur père et leur mère. S'ils ont des différends entre eux ou avec leurs parents, le culte familial leur donnera la possibilité d'aller devant Dieu avec toute la famille pour se confesser et se repentir, et recevoir la grâce et le réconfort de Dieu. Vous serez étonnés par l'impact qu'aura le culte familial sur la paix de votre foyer.

Une épouse qui critiquait et jugeait souvent son mari m'a raconté que le culte familial avait été un élément déterminant dans sa lutte contre ce péché. Ce couple a utilisé le temps de prière de leur culte familial pour remercier Dieu pour la vie, pour sa bonté envers eux et pour la présence des uns des autres. Au fil des semaines, elle a découvert qu'elle était plus reconnaissante qu'auparavant et que son mariage avait gagné en paix. Christ, ce grand Prince de la paix, favorise souvent la paix dans la famille chrétienne par le moyen du culte familial.

Il unit la famille

Dans notre société pressée et sans cesse affairée, il y a peu de choses qu'une famille accomplit ensemble au quotidien. Même le simple fait de prendre un repas ensemble relève de l'exploit. Et si votre famille se retrouvait tous les jours pour un moment de louange ? Cette activité deviendrait l'aspect crucial et central de votre vie de famille. Toute votre famille prendrait conscience que, peu importe ce qu'elle fait ou pas, ce qui est le plus important et ce qui caractérise votre famille est ce temps d'adoration consacré à Christ ainsi que la détermination à le suivre. Ce lien est un lien éternel qui soude la famille dans tous ses autres projets. Récemment, un père m'a fait cette remarque : « C'était tellement plaisant d'écouter ma fille prier pendant le culte familial. Non seulement ses requêtes m'ont surpris, mais elles m'ont aussi informé sur les difficultés qu'elle éprouvait. » En louant Dieu ensemble, vous apprendrez à mieux vous connaître et vous aimer davantage les uns les autres.

Il fournit des connaissances communes

Alors que vous lisez chaque jour les Écritures en famille, vous grandirez dans votre connaissance de la Bible. Vous grandirez ensemble en tant que famille ! La plupart de nos églises ont séparé les chrétiens par groupes d'âge dans l'école du dimanche, les petits groupes, etc. S'il y a des points positifs à ce système, d'autres sont négatifs : les élèves du primaire n'apprennent pas les mêmes choses que leurs parents ou leurs frères et sœurs adolescents. La conversation dans la voiture en rentrant de l'église ou le dimanche après-midi est donc entravée. En revanche, quand on prend le temps de lire la Bible ensemble dans le culte familial, tout le monde peut apprendre ensemble dans une connaissance commune. C'est une chose merveilleuse que d'apprendre et de grandir ensemble. Les conversations autour de la table le soir ou dans la voiture changeront de façon spectaculaire lorsque vous aurez une connaissance commune qui vous aidera à dialoguer.

Il prépare nos enfants au culte corporatif

Le culte familial offre l'avantage supplémentaire de préparer nos enfants au culte corporatif. En prenant place pour écouter la Parole de Dieu, entendre des prières ou chanter des hymnes, nos enfants apprennent à valoriser ces mêmes éléments que l'on retrouve dans le culte corporatif à l'église. La valeur de ceci ne saurait être sous-estimée. En apprenant à prier à la maison, nos enfants participeront plus facilement à la prière à l'église. En apprenant des hymnes ou des chants de louange pendant le culte familial, ces mêmes hymnes et cantiques résonneront dans leur cœur le dimanche matin.

Il y a quelques années, nous avons décidé d'enseigner à notre fille le *Notre Père* lors du culte familial. Chaque semaine, ma fillette de trois ans le mémorisait et le récitait. Un dimanche matin, tandis que je conduisais la louange dans notre assemblée, nous avons récité le *Notre Père*. Je suppose qu'on ne l'avait jamais fait durant le culte pendant les semaines où j'enseignais à ma fille à le mémoriser. Je n'oublierai jamais le moment où mon regard s'est arrêté sur elle alors que j'observais l'assemblée. Quand les gens ont commencé à prier le *Notre Père*, sa petite tête s'est redressée et elle s'est mise à sourire. Puis elle a regardé les gens autour d'elle réciter cette prière qu'elle connaissait bien. Elle avait le sourire fendu jusqu'aux oreilles. Elle connaissait cette prière !

Il renforce la position de chef spirituel

Le culte familial renforce le cadre biblique de la famille avec le père (ou la mère, si elle est monoparentale) comme chef de famille et responsable spirituel. Tandis que le père conduit sa femme et ses enfants devant le trône de Dieu et leur enseigne les préceptes de Christ, ils le considèreront de plus en plus comme chef spirituel. Cela a l'avantage de renforcer auprès du père et mari la responsabilité spirituelle qui lui revient. C'est une lourde charge devant le Seigneur et le culte familial quotidien l'aidera à se concentrer sur cette responsabilité. Je suis surpris de voir à quel point il est facile d'être si occupé qu'on passe à travers une journée sans avoir pensé à l'âme de son épouse et celles de ses enfants. Il est également facile, comme trop d'entre nous peuvent le confesser, d'oublier de servir intentionnellement sa famille chaque jour. Le culte familial nous aide, en tant que père et époux, à orienter notre esprit et notre temps vers ce qui est le plus important dans nos rôles d'époux et de père. Il a aussi l'avantage de nous aider à voir nos manquements dans cette responsabilité. Cela nous amènera à dépendre encore plus de Dieu, à le chercher dans la prière, à lui demander sa grâce et à nous soumettre à son autorité. Ce sont des prérequis pour bien conduire nos familles.

Il permet une formation de disciples systématique

En tant que pasteur, j'ai souvent des parents et parfois des conjoints qui viennent me voir avec une question relative à la façon de répondre aux besoins de leurs enfants ou de leur conjoint dans un domaine spécifique. Généralement, ils sont préoccupés par une difficulté ou un péché particulier dans la vie de leur enfant ou du conjoint. Par exemple, un mari peut chercher à savoir comment s'y prendre pour aider sa femme à se débarrasser de l'anxiété ou de l'égoïsme. Une mère peut demander des conseils qui l'aideront à instruire sagement son fils pour qu'il cesse de raconter des mensonges. Nous sommes alors comme des pompiers qui se précipitent pour éteindre un problème ou un autre. C'est parfois nécessaire, mais cela ne devrait pas être notre seule ligne de conduite. En tant que conjoint ou parent, je ne dois pas seulement porter « secours » à mes proches, mais aussi faire de la prévention. L'une des meilleures façons de prévenir (et de soigner, par la même occasion) est le mentorat systématique apporté dans le culte familial. Trop souvent, on est si préoccupé à trouver des remèdes miracles qu'on ignore les bénéfices qu'on pourrait recevoir en écoutant le plein conseil de Dieu au quotidien, à la maison. Le culte familial quotidien fournit une base solide qui repose sur l'écoute de la Parole de Dieu, la prière et la louange chaque jour. Il faut du temps pour construire une maison solide. Si l'on se contente de courir d'un mur fragile à l'autre pour y planter un clou par-ci, un autre par-là, on obtiendra une maison instable. Le culte familial représente une aide considérable pour établir un foyer stable.

Ce chapitre a soulevé plusieurs effets bénéfiques et pratiques du culte familial. Un seul d'entre eux pourrait suffire à nous motiver à instaurer le culte familial. Toutefois, l'ensemble des effets bénéfiques révèle l'importance de cette activité. En outre, ce n'est qu'un avant-goût de ses avantages. En commençant un culte familial dans votre maison, la grâce de Dieu se manifestera envers vous et votre famille de façons insoupçonnées. Les bénéfices mentionnés dans cet ouvrage peuvent tarder à se manifester lorsque vous initiez le culte familial, mais ne vous découragez par pour autant, et soyez persévérants. Gardez à l'esprit ce que l'apôtre Paul a dit aux Galates : « Ne nous lassons pas de faire le bien ; car nous moissonnerons au temps convenable, si nous ne nous relâchons pas » (Ga 6.9). Dieu sait ce dont vous et votre famille avez besoin, et par sa grâce, il vous l'accordera au moment opportun. Vous pouvez en être certains.

Nous avons considéré le « pourquoi » du culte familial ; voyons à présent « à quoi » il ressemble. Le chapitre 4 décrit les composantes de base du culte familial de façon plus détaillée.

CHAPITRE 4

ET MAINTENANT, QU'EST-CE QU'ON FAIT ?

Il est possible que le culte familial ne soit pas quelque chose de familier pour plusieurs d'entre nous. Même si on en reconnait l'importance, on peut ne pas savoir comment s'y prendre. Nous nous pencherons sur les principaux éléments du culte familial tels que la lecture de la Parole de Dieu, la prière et la louange. Nous considérerons également d'autres activités susceptibles d'être fructueuses dans nos temps d'adoration ensemble.

L'adoration

Le culte familial est un culte. Cette déclaration peut sembler absurde, mais c'est un point de départ crucial pour notre culte familial à la maison. Autrement dit, le culte familial n'est ni un divertissement, ni simplement un moment passé en famille, ni la lecture collective d'un bon livre chrétien pour enfants. Il y a un temps pour toutes ces choses, mais elles ne concernent pas le culte familial. La lecture d'un bon livre chrétien peut être très utile et représenter une bénédiction pour toute la famille, mais elle ne devrait pas être un substitut au culte familial. De même, chaque famille devrait se réserver du temps juste pour être ensemble. Ce peut être pour jouer à des jeux, regarder un film ou discuter des événements de la journée. Néanmoins, aucune de ces choses n'est un culte familial. Le culte familial, c'est avant tout un temps pour adorer Dieu. Il convient donc de se rappeler ce qu'est l'adoration.

Qu'est-ce que l'acte d'adorer ? Avant tout, l'adoration est notre communion avec le seul Dieu vrai et vivant. Ou, mieux encore, c'est sa communion avec nous. Dans cette communion, la première chose qui se passe est notre rencontre avec lui. C'est là tout le plaisir de l'adoration : nous, un peuple pécheur sauvé par grâce, avons la joie immense d'être en communion avec lui. Il est également vrai qu'un échange a lieu : nous lui donnons et il nous donne. Nous lui offrons notre adoration, nos louanges et nos actions de grâces à son honneur et à sa gloire, et il nous donne sa grâce et sa bénédiction. Il nous bénit en pansant nos blessures, en nous encourageant dans la justice, en nous exhortant à vivre pour lui, en nous enseignant, en nous assurant de notre salut, en nous rappelant ses promesses et en déversant sur nous son amour. C'est donc principalement dans le culte que l'on est enseigné, comme l'est un disciple, et que l'on grandit en Christ.

Dieu choisit de recevoir notre adoration, notre louange et nos actions de grâces, de la même manière qu'il choisit de nous donner sa grâce et sa bénédiction. Il utilise les mêmes moyens ou éléments en donnant et en recevant. C'est lui qui les a établis. Ce sont les mêmes éléments que l'on retrouve dans le culte corporatif : la prière, la Bible et le chant de louange (ainsi que les sacrements, qui sont appropriés seulement dans le culte corporatif). Une famille qui prie, lit la Bible et chante ensemble est une famille qui se positionne pour recevoir la grâce divine. En commentant le culte familial, Spurgeon a dit : « Je suis d'accord avec Matthew Henry quand il affirme que "ceux qui prient en famille font bien ; ceux qui prient et lisent la Bible ensemble font mieux ; mais ceux qui prient, lisent la Bible et chantent ensemble font mieux que tous les autres". Il y a une plénitude dans ce genre de culte familial à laquelle on doit aspirer[1]. »

Ainsi, alors qu'on aborde le culte familial, au-delà de ce que l'on fait ou pas, les éléments essentiels sont la lecture de la Bible, la prière et le chant de louange. Ce sont les principaux moyens ou instruments que Dieu utilise pour communier avec nous par son Esprit ; nous le louons et il déverse sur nous sa grâce.

La Bible

Dieu nous a donné sa Parole. Dans le cadre du culte familial, il est facile de remplacer la lecture et l'écoute de la Parole de Dieu par un bon livre chrétien pour enfants ou une histoire morale de laquelle ils peuvent apprendre. Ces choses-là peuvent être très utiles, mais elles ne doivent pas remplacer la Parole de Dieu. Dieu a donné sa Parole à son peuple. C'est le plus grand cadeau à offrir à nos enfants. *Le Petit catéchisme de Westminster* donne une belle description de ce que contient la Bible. Voici la question 3 : « Qu'est-ce que les Écritures enseignent principalement ? » Et la réponse est : « Les Écritures enseignent principalement ce que l'homme doit croire par rapport à Dieu, et quel devoir Dieu requiert de l'homme. »

Dieu a choisi d'œuvrer par l'intermédiaire de sa Parole. C'est la semence qui est répandue et qui produit du fruit (Mc 4.1-20). « Toute Écriture est inspirée de Dieu, et utile pour enseigner, pour convaincre, pour corriger, pour instruire dans la justice » (2 Ti 3.16). Elle est vraie et exempte d'erreur. Elle est vivante et efficace (Hé 4.12). Ces pages renferment la promesse de paix et de joie éternelle, ainsi que la lumière, la vérité et la vie. Pourquoi voudrait-on donner moins que cela à nos enfants ? Si la Bible enseigne la vérité de Dieu et ce qu'il attend de nous, alors elle doit occuper une place centrale dans notre culte. Dieu a choisi de communier avec son peuple par sa Parole.

Certains parents hésitent à lire la Bible à leurs enfants de peur qu'ils ne puissent la comprendre. Ils décident alors de leur lire autre chose tant qu'ils sont petits. Même si ces parents cherchent à être indulgents avec leurs enfants, ils sous-estiment la sagesse de Dieu. Nous pouvons faire confiance à Dieu sur la meilleure éducation à donner à nos enfants et nous devrions avoir confiance en l'efficacité de sa Parole. Il sera peut-être nécessaire de prendre le temps de leur expliquer la lecture d'un passage biblique, ou de leur lire des passages très courts, mais on ne devrait pas abandonner la lecture de la Bible pour autant. Nous sous-estimons trop souvent la puissance de la Parole de Dieu, ainsi que la capacité de nos enfants à comprendre.

Aujourd'hui, mon fils a quatre ans et ma fille, sept. Nous lisons la Bible ensemble lors de notre culte familial. Aucun des deux ne comprend la totalité de ce qui est lu, mais ils saisissent certaines choses. Je fais de mon mieux pour leur expliquer les versets et leur poser des questions pour les aider à réfléchir au texte. En général, ils nous posent, à ma femme et moi, toutes sortes de questions sur le passage. Récemment, nous avons lu l'Évangile selon Jean. Quand on est arrivé à Jean 8, où Christ dit : « Je suis la lumière du monde », mes enfants ont été aussitôt interpellés. Ils voulaient savoir ce que cela voulait dire.

Je pensais qu'ils comprenaient jusqu'à ce que mon fils pointe le lustre et me demande : « Est-ce que c'est Jésus ? » « Non, mon fils. » Puis, il a pointé la lampe sur la table : « Est-ce que c'est Jésus ? » « Non, mon fils, ce n'est pas Jésus. » « Oh !, dit-il, ça doit être Jésus là-haut ! », en indiquant l'ampoule au plafond de la cuisine. Ce soir-là, ils n'ont pas compris ce que cela signifiait, malgré toutes mes tentatives. Pourtant, cette discussion s'est poursuivie tout au long de la semaine. Les mêmes questions revenaient, parce qu'ils voulaient en savoir davantage. C'est devenu notre sujet de conversation pendant les promenades en voiture et dans les allées de l'épicerie. Une semaine plus tard, mes enfants exprimaient clairement la vérité que Jésus est la lumière. Aujourd'hui, il est fascinant de voir à quel point cet aspect de la personne de Jésus-Christ passionne encore mon fils.

Dans notre famille, on prend toujours de petites portions de texte ou des récits qui leur permettent de réfléchir au texte, en raison de leur jeune âge. J'ignore l'œuvre que l'Esprit fait en eux par sa Parole, mais je sais que la Parole de Dieu ne retourne pas à lui sans avoir accompli ses desseins (És 55.11). On ne peut dire la même chose d'une autre parole ou d'un autre livre. La Parole de Dieu accomplira les desseins de Dieu ! Je dois en être convaincu et l'enseigner à ma famille. C'est la Parole de Dieu qui demeurera pour toujours (És 40.8) et c'est ce que l'on veut implanter dans le cœur des membres de notre famille. Le fruit ne sera peut-être pas immédiat, mais nous pouvons avoir la certitude qu'au fil du temps, Dieu utilisera l'enseignement de sa Parole dans la vie de nos enfants, de la même façon qu'il l'utilise dans nos propres vies.

Quelle devrait être la longueur du texte biblique à lire lors d'un culte en famille ? Un chapitre par jour suffit pour commencer. Si vous avez des enfants en bas âge, je recommande moins d'un chapitre. Toutefois, lisez-le à haute voix. Ce n'est pas seulement l'enseignement de la Parole de Dieu qui est efficace, mais sa lecture. Nous voulons donc nous assurer que la Parole de Dieu soit lue à haute voix dans notre maison. J'encourage les mères, les pères et les maris à pratiquer la lecture de la Bible à haute voix. En lisant à haute voix, on interprète la Bible à ceux qui nous entourent. La façon d'accentuer un mot ou un autre a une incidence sur leur compréhension du passage. Par conséquent, il convient d'aborder la lecture de la Parole de Dieu avec soin. Il peut être utile d'écouter des enregistrements de la lecture de la

Bible faits par des professionnels ou de porter attention lorsque vos prédicateurs préférés lisent le texte biblique sur lequel ils vont prêcher. La lecture est également bénéfique au lecteur : elle vous permet de vous préparer pour la leçon qui sera apportée le soir et de méditer sur le passage avant de l'expliquer aux membres de votre famille.

Au-delà de la lecture de la Parole de Dieu, il est également important d'aider votre famille à comprendre le passage. Avant de lire le texte, faites une introduction d'une ou deux phrases pour leur permettre de saisir le contexte du passage. Cela demande un peu de préparation, mais le temps consacré à cela sera une source de bénédictions. Après avoir lu le texte, il est toujours utile de donner une brève interprétation ou de poser des questions pour permettre aux enfants de redire des segments du passage. Vous désirerez peut-être prendre le temps de trouver une application au texte et aider vos enfants à comprendre ce qui devrait découler de cette lecture. L'application n'a pas besoin d'être profonde ou originale ; ça ne devrait pas être un sujet d'inquiétude pour vous. Votre seule préoccupation devrait être d'aider les membres de votre famille à comprendre la vérité de la Bible et à la vivre au quotidien. Certains d'entre vous ne se sentent peut-être pas prêts à enseigner à leur femme et à leurs enfants, et c'est correct ! Prenez votre temps. C'est une chose qui se développe. Toutefois, que cette appréhension ne vous empêche pas de lire la Parole de Dieu avec votre famille.

En lisant la Bible lors du culte familial, nous voulons permettre au plein conseil de Dieu (Ac 20.27) d'influencer notre famille. Par conséquent, la meilleure approche du culte familial consiste à lire systématiquement un livre de la Bible à la fois. Il n'est pas nécessaire que ce soit toujours ainsi. Vous pouvez aussi sélectionner certains passages qui répondent aux besoins de votre famille dans des circonstances précises, ou choisir une série de chapitres relatant une histoire, comme celle de Joseph, dans Genèse. En règle générale, cependant, il est préférable de lire régulièrement un livre entier. Il est difficile pour des adultes, et encore plus pour des enfants, de se rappeler le contexte de 1 Samuel 22, lorsque la dernière lecture de 1 Samuel remonte à deux mois ! La Bible est un seul volume composé de 66 livres. Aussi chaque livre doit-il être abordé comme tel. Lisez l'intégralité de l'évangile selon Marc et passez ensuite au livre de Joël. Cette méthode empêche de s'arrêter seulement sur ses versets préférés ou de rabaisser les membres de sa famille en lisant ce que l'on pense qu'ils doivent entendre. Au fil du temps, Dieu s'adressera aux besoins de chacun alors que nous lisons le plein conseil de Dieu. Une lecture aléatoire de la Bible, c'est-à-dire prendre un passage par-ci par-là, produit moins de fruits à long terme.

Lors de notre culte familial, avant de commencer la lecture de la Bible, je demande toujours à mon plus jeune : « Dans quel livre de la Bible sommes-nous ? » L'autre soir, il a répondu à juste titre : « Jean ». Je lui ai dit : « Hier soir, on a fini Jean, chapitre 5 ; quel chapitre commençons-nous ce soir ? » Mon fils a crié : « Chapitre 6 ». Puis il a dit : « Papa, qu'est-ce qu'on va faire quand on aura lu toute la Bible ? » Ma réponse a été : « On la relira ! » Ne serait-ce pas une énorme bénédiction que de pouvoir lire toute la Bible plusieurs fois en famille, alors que nos enfants sont encore à la maison ? Mais attention ! N'allez pas trop vite ! Il est préférable de lire lentement et de bien méditer les passages que de parcourir rapidement de vastes portions de la Bible et de dérouter votre famille en essayant d'en lire trop à la fois. Une famille qui lit attentivement des livres entiers commencera à voir la Bible entière se dévoiler ; elle fera des liens entre Romains et Ésaïe ou entre les Psaumes et l'Évangile selon Matthieu. Il y a tant d'avantages à amener les membres de notre famille à chérir la Parole de Dieu dans leur cœur !

Dans ma classe d'école du dimanche, une fillette répondait à toutes les questions que je posais lors d'une leçon particulière. Sa façon de répondre aux questions était étonnante. Elle citait des passages de 1 Jean. Quand ce n'était pas des citations directes, c'était des paraphrases de plusieurs versets du livre. Je lui ai demandé : « Comment sais-tu les réponses ? » Elle m'a donné une réponse incroyable : « C'est facile, c'est dans la Bible. » Après la classe, j'ai demandé à son père comment elle savait toutes ces choses. Il m'a dit qu'ils avaient lu 1 Jean pendant le culte familial et qu'elle avait vraiment aimé ce livre. Apparemment, elle avait commencé à le mémoriser. La Parole de Dieu était cachée dans le cœur de cette enfant.

La prière

Un autre élément essentiel du culte familial est la prière. Il n'y a rien de plus doux qu'une famille qui prie ensemble. Pendant le culte familial, vous pouvez adresser une ou plusieurs prières. Encouragez votre famille à passer du temps dans l'adoration, la confession, l'intercession et les actions de grâces. Ce sont tous des types de prières qui devraient être connues de votre famille avec le temps. Certains soirs, vous pourriez prier chacun de ces types de prières. D'autres soirs, vous pourriez décider d'adresser seulement des prières d'intercession pour les membres de l'Église qui sont malades ou pour des voisins qui ne connaissent pas Jésus-Christ. Si vous ignorez comment conduire votre famille dans la prière, consultez des ressources qui ont fait leurs preuves, comme *Une méthode de prière*, de Matthew Henry, ou quelque chose de plus récent comme *Une vie en prière*, de Paul Miller. Votre temps de prière n'a pas besoin d'être long ou trop complexe, surtout si vous avez des enfants en bas âge. Vous pouvez décider que différents membres de la famille prient différentes prières ou diriger vous-même le temps de prière. C'est aussi l'occasion de prier les uns pour les autres et de solliciter des requêtes de prière des membres de votre famille. C'est une bénédiction pour toute la famille de savoir comment prier les uns pour les autres au cours de la journée et de la semaine. C'est aussi une bénédiction pour les autres. Parce que nos enfants sont jeunes, nous leur demandons de prier pour certaines personnes de l'Église ou de la famille. C'est une bénédiction de voir ma fille demander à « M. Jones » comment va sa jambe lorsqu'elle le croise à l'église. Elle s'y intéresse de près, car elle a prié pour sa jambe.

Les chants

Pour la grande majorité des familles, c'est l'élément le plus inconfortable du culte familial. La plupart d'entre nous ne sont pas très enthousiasmés par les voix qu'ils ont ! Et les autres non plus ! Or, il est impossible de masquer notre voix quand nous ne sommes que deux, trois, quatre ou cinq personnes dans la pièce. Cela ne devrait pas nous dissuader d'adresser à Dieu nos louanges en famille. J'avais le sentiment que l'on se débrouillait pas mal dans ce domaine, jusqu'à ce que l'on fasse l'acquisition d'un nouveau chiot. Le premier soir où l'on a chanté dans la même pièce où il se trouvait, il s'est mis à hurler. J'ai cru que c'était simplement en raison du bruit nouveau pour lui. Mais le soir suivant, il a fait la même chose. Si on continue de chanter, même en faisant hurler les chiens de douleur, vous le pouvez aussi !

Il est toujours utile qu'un membre de la famille ait une oreille musicale et puisse jouer du piano ou de tout autre instrument pour accompagner, mais la plupart n'ont pas ce luxe. Par conséquent, vous devez apprendre à chanter a cappella, ou vous rendre sur un site Web et sélectionner des chants et des hymnes que votre famille pourra suivre en chantant (voir l'annexe C). Votre famille ne chante peut-être pas comme « Les Trois Ténors », mais chantez tout de même à pleine voix. La Bible dit de pousser « des cris de joie en l'honneur de l'Éternel » (Ps 95.1,2 ; 98.4-6 ; 100.1). Pour certains, c'est justement ça : des *cris* joyeux. Mais c'est toujours agréable à Dieu (considérant que Jésus-Christ intercède pour nous !).

Je vous encourage à avoir un bon recueil de chants de louange. Idéalement, vous devriez tous avoir un recueil ou utiliser un recueil pour deux personnes. Pour les jeunes enfants, il est utile d'avoir un recueil de chants placé devant eux tandis qu'ils sont assis sur les genoux de leurs parents et que ceux-ci suivent la musique avec leur doigt sur la page. Les enfants ne peuvent peut-être pas lire les paroles ou la musique, mais ils commenceront à comprendre que tout le monde chante en suivant dans le recueil. Ils commencent à comprendre la musique et sont tout excités de chanter. Quand ma fille avait trois ans, elle aimait prendre le recueil de chants sur la tablette chaque soir. Si l'on s'asseyait sans le recueil de chants, elle courait le chercher. Elle aimait ce livre de cantiques. Elle ne pouvait pas encore chanter les hymnes, mais cela ne l'empêchait pas de se joindre à nous en chantant. Elle faisait un bruit joyeux. Elle prenait part aussi à la louange pendant le culte corporatif à l'église.

Mes enfants sont maintenant à l'âge où ils aiment chanter des chansons pour enfants et c'est ce qu'on fait. Mon fils demande qu'on chante « Mon Dieu est si grand » tous les soirs, lors du culte familial. Il insiste pour qu'on fasse tous les gestes ! Ma fille aime la « B-i-b-l-e ». Et on doit tous crier « Bible ! » à la fin, sinon elle nous demande de recommencer. Certaines familles aiment bien chanter avec un enregistrement numérique. Une famille que je connais bien utilise un iPod pour faire jouer les chansons de louange préférées de leurs enfants lors du culte familial. Chaque enfant a le droit de choisir une chanson à tour de rôle et la famille se joint à lui dans la louange.

Vous voudrez peut-être commencer par des hymnes ou des chants connus par toute la famille. Lorsque la famille se sent un peu plus à l'aise avec la louange, vous pouvez introduire de nouveaux hymnes et chants. Lorsque vous introduisez de nouveaux chants ou hymnes lors du culte, vous pouvez reprendre le même nouveau chant chaque soir pendant quelques semaines, jusqu'à ce que tout le monde le connaisse. Si vous intégrez un nouveau chant chaque mois en vous concentrant uniquement sur ce chant, vous aurez appris cent vingt chants en dix ans. Peu importe le nombre d'hymnes ou de chants que l'on chante, on doit toujours veiller à ce qu'ils soient théologiquement riches et vrais selon la Parole. On tient à adorer Dieu en « esprit et en vérité » (Jn 4.24).

Alors qu'on réfléchit à la louange lors du culte familial, on devrait aussi considérer de chanter les psaumes de l'Ancien Testament. C'est le « recueil de chants » de la Bible. Chanter les psaumes nous est parfois étranger. Au cours des cent dernières années, plusieurs Églises ont abandonné l'habitude de chanter des psaumes, mais il y a peu d'activités aussi gratifiantes. Il existe quelques psautiers sur le marché aujourd'hui (voir l'annexe C). En chantant les psaumes dans notre culte familial, on chante à Dieu sa Parole. En outre, on a l'avantage d'ancrer la Parole de Dieu dans nos cœurs par les chants. La musique contribue grandement à la mémorisation et, avec le temps, vous découvrirez qu'en chantant les psaumes, vos enfants auront mémorisé des psaumes entiers de l'Ancien Testament. Il est donc bon qu'un psautier se retrouve sur votre étagère près de votre recueil de chants. Même si on a du mal à se souvenir des mélodies, de nombreuses ressources sont facilement accessibles aujourd'hui pour nous aider dans ce domaine. Une recherche rapide sur Internet vous permettra de trouver des enregistrements de la chanson que vous cherchez, et il y a un bon nombre d'albums de bonne qualité qui comprennent des psaumes mis en musique.

Éléments supplémentaires

D'autres éléments de culte peuvent être incorporés à notre culte familial. Je les citerai brièvement, mais chacun peut être un bon complément à la lecture biblique, à la prière et au chant.

Mémorisation des Écritures : Nous cherchons toujours à garder la Parole de Dieu dans notre cœur. Voici un exercice merveilleux à faire ensemble en famille : mémoriser un verset par semaine. Même les petits enfants peuvent mémoriser la Parole de Dieu. Vous serez surpris de voir ce que peut mémoriser un enfant de trois ou quatre ans. Ils sont généralement plus doués que leurs parents ! Si votre famille mémorise un verset toutes les deux semaines pendant quinze ans, vos enfants (et vous !) auront mémorisé 390 versets ! C'est ce qu'on appelle semer la Parole de Dieu dans le cœur de nos enfants ! Avec le temps, vous pourrez même amener vos enfants à mémoriser un livre complet. Commencez par un petit livre comme 2 Jean, et avec un peu d'encouragement, ils se mettront à mémoriser des livres plus longs. Quelle bénédiction retire-t-on de la mémorisation ? Celle de méditer la Parole de Dieu peu importe où nous sommes ou dans quelle situation nous nous trouvons. Des versets nous reviennent à l'esprit au milieu d'une épreuve pour nous procurer du réconfort ; un passage préféré occupe notre esprit lorsque nous conduisons ; un enfant est interpellé dans sa conscience alors qu'il doit prendre une décision. Les avantages de la mémorisation de la Bible surpassent grandement nos difficultés à la mémoriser.

La mémorisation de l'Écriture peut se faire de différentes manières. Certaines familles écrivent les versets ensemble ou trouvent les mots manquants d'un verset que l'on a inscrit au préalable sur un tableau. D'autres préfèrent utiliser des cartes. D'autres encore préfèrent mémoriser la Bible en chantant. Il y a maintes façons de mémoriser. Soyez créatif et amusez-vous avec vos méthodes de mémorisation. Ne tombez pas dans la routine ! Essayez diverses méthodes, car certains membres de votre famille peuvent bénéficier d'une méthode plus que d'une autre.

J'ai œuvré dans une Église où les anciens interrogeaient les enfants lorsque leurs parents croyaient qu'ils étaient parvenus à la foi et qu'ils étaient prêts à être admis au repas du Seigneur. Un jour, on a interrogé une fillette de dix ans qui avait participé durant des années au culte familial dirigé par son père célibataire. Une partie de leur culte familial consistait à mémoriser des passages de la Bible. Éventuellement, elle en est venue à mémoriser des livres entiers de la Bible. Lors de notre entretien avec elle, nous lui avons posé toutes sortes de questions. À un moment donné, nous lui avons posé une question et elle s'est mise à citer des passages d'Habakuk. Je n'avais jamais entendu un adulte, et encore moins un enfant, répondre à des questions en citant Habakuk ! Cette jeune fille en a été capable, car la Parole faisait partie d'elle. Elle avait mémorisé ce livre, et il faisait désormais partie de son vocabulaire et de sa pensée.

Le catéchisme : C'est une discipline qui s'est perdue dans l'Église évangélique aujourd'hui et on souffre des répercussions de cela. C'est bien dommage, car il s'agit d'une méthode éprouvée et utilisée dans la tradition chrétienne. C'est un moyen d'inculquer la doctrine et la théologie biblique dans nos cœurs et nos esprits. Le catéchisme se présente sous forme de questions-réponses. Une question théologique est posée et la réponse est l'enseignement que donne la Bible à ce sujet. Par exemple, la question la plus célèbre est peut-être la première question du *Petit catéchisme de Westminster* : « Quelle est la principale fin de l'homme ? » Réponse : « La principale fin de l'homme est de glorifier Dieu, et de jouir de lui éternellement. » Il s'agit d'une explication utile, biblique et théologique à la raison de l'existence de l'homme. Mémoriser la Bible nous permet de citer ce que dit tel verset sur la prière, mais il est difficile de donner une définition exhaustive et concise de la prière en citant un ou deux versets. Un catéchisme considère simplement tout ce qu'enseigne la Bible sur un sujet et fournit un énoncé concis sur cet enseignement.

En formant nos enfants à devenir des disciples de Christ, on doit non seulement leur apprendre à garder la Parole de Dieu dans leur cœur, mais aussi les aider à comprendre la théologie et les doctrines bibliques. Ils ont besoin d'un cadre théologique, issu de la Bible, selon lequel penser et agir. Le catéchisme sert à cette fin. Il suffit d'écouter cette première question et réponse du *Catéchisme de Heidelberg* : « Quelle est ton unique assurance dans la vie comme dans la mort ? » Réponse : « C'est que, dans la vie comme dans la mort, j'appartiens, corps et âme, non pas à moi-même, mais à Jésus-Christ, mon fidèle Sauveur : par son sang précieux, il a totalement payé pour tous mes péchés et m'a délivré de toute puissance du diable ; il me garde si bien qu'il ne peut tomber un seul cheveu de ma tête sans la volonté de mon Père qui est dans les cieux, et que toutes choses doivent concourir à mon salut. C'est pourquoi, par son Saint-Esprit, il m'assure la vie éternelle et me rend prêt et disposé à vivre désormais pour lui, de tout mon cœur. » Quelle bénédiction ce serait d'avoir cette belle déclaration dans l'esprit de nos enfants !

Confessions de foi : Un outil connexe que l'on peut utiliser dans le culte familial est la confession de foi ou un credo de l'Église. À titre d'exemple, *le symbole des Apôtres* et *le symbole de Nicée* sont des affirmations qu'il conviendrait de réciter ensemble pendant le culte familial. Ces principes expriment les vérités essentielles de la foi chrétienne. En confessant notre foi à partir du *symbole des Apôtres*, par exemple, on se joint aux chrétiens des siècles passés et d'aujourd'hui, qui ont cru dans le seul vrai Dieu. On professe une foi commune et on reconnait le Dieu en qui l'on croit. Peu importe que l'on choisisse ou non d'utiliser une confession de foi pendant le culte familial, la mémorisation de ces deux confessions est utile dans l'instruction et le mentorat que reçoivent nos enfants. La plupart des hymnes incluent ces deux credo et, parfois, un catéchisme. De plus, j'ai inclus *le symbole des Apôtres* et *le symbole de Nicée* dans l'appendice de ce livre pour vous.

Lectures alternées : Les lectures alternées peuvent être une aide pour faire participer toute la famille dans la lecture de la Bible. Les enfants apprécient particulièrement les lectures alternées. De nombreux livres de cantiques fournissent des lectures alternées de psaumes à la fin du recueil. Un parent peut également créer une lecture alternée à partir de la Bible pour une lecture en famille. Il y a quelques exemples dans l'annexe de ce livre pour vous aider à démarrer.

Autres livres : On peut ajouter la lecture d'autres ouvrages utiles. Toutefois, cela devrait seulement compléter notre lecture de la Bible dans le culte familial. Lire un passage d'un classique chrétien comme *Le voyage du pèlerin* ou une bonne biographie chrétienne peut être bénéfique pour inspirer votre famille. Cela nous permet aussi d'apprendre de ceux qui ont un don d'enseignement dans le corps de Christ. N'oubliez pas que nous ne sommes pas limités aux enseignants d'aujourd'hui. Par la grâce de Dieu, nous pouvons encore lire et interagir avec ces grands enseignants que Dieu a donnés à l'Église à travers l'histoire. Il nous suffit de prendre l'un de ces livres facilement accessibles et commencer à lire.

CHAPITRE 5

NOTRE FAÇON D'ADORER DIEU

Dans le dernier chapitre, nous avons examiné les *moyens* par lesquels nous adorons Dieu en famille. Il est également important de s'y prendre de la bonne *manière* en étant respectueux, joyeux, régulier et constant.

Respectueux

Tout d'abord, nous devons être respectueux durant ce temps de culte. Malheureusement, quand on pense au mot « respect », c'est un formalisme rigide et froid qui nous vient souvent à l'esprit. Or, ce n'est pas de ce respect qu'on parle. Un culte révérencieux n'est rien de plus que de montrer à Dieu du respect et de l'honneur, et de l'adorer pour ce qu'il est. C'est une chose juste et bonne. Il convient donc de se garder de traiter Dieu avec familiarité. La question n'est pas de savoir si votre famille peut être en pyjama ou non. C'est au contraire l'attitude de cœur qui compte dans le culte familial. Si le culte peut être pratiqué de bien des manières, il ne se fait jamais de manière désinvolte. L'adoration est une rencontre avec le seul vrai Dieu, vivant et saint, le souverain de l'univers. Pensez à ces rencontres avec Dieu dans la Bible qui impliquent l'adoration : Moïse ôte ses chaussures (Ex 3), Israël est craintif (Ex 20), Ésaïe tremble (És 6), Job se tait (Job 40), Jean tombe face contre terre (Ap 1). Même les anciens et les anges qui sont en adoration jour et nuit devant le trône ne sont pas désinvoltes dans leur adoration (És 6 ; Ap 4). Adorer le Dieu vivant, vrai, saint et souverain de l'univers de manière désinvolte, cela n'existe tout simplement pas !

À quoi cela devrait-il ressembler dans nos foyers ? Une fois de plus, cela ne veut pas dire que notre temps de culte doit être froid ou rigide. Au contraire, étant désireux que le respect caractérise notre culte à la maison, on devrait chercher à orienter la conversation, afin qu'elle ne dévie pas sur les tâches à accomplir, la planification de la semaine prochaine, ou les émissions de télévision diffusées ce soir-là. On veut aussi insister sur la nécessité d'écouter attentivement pendant la lecture de la Bible, ou encore se rappeler que lorsqu'on chante, c'est vers Dieu qu'on élève nos voix. En revanche, le chef de famille doit s'assurer qu'il ne commet pas l'erreur trop fréquente de confondre sévérité et respect.

Joyeux

Le culte biblique est non seulement respectueux, mais joyeux ! Durant le culte, nous entendons les promesses de Dieu, nous rencontrons Dieu, nous lui chantons des chants d'adoration et de louange, nous confessons notre foi en ce Dieu glorieux et nous lui offrons des prières. Comment pourrait-on adorer sincèrement sans être joyeux ? Quand on comprend les vérités de la Bible et qu'elles résonnent dans notre âme, la joie déborde naturellement. Quand on a une haute opinion de Dieu, ce qui nous conduit à la révérence, l'adoration devrait être une explosion de joie. Cela ne peut être forcé ou créé. Toutefois, ce fruit de la vie chrétienne doit être encouragé et recherché. Alors que nous conduisons notre famille dans l'adoration, nous voulons être un exemple de joie en présence du Seigneur. Nous voulons qu'ils nous voient prendre plaisir à rencontrer Dieu et à célébrer Christ, notre Seigneur. Comme le dit le Psaume 16 : « Tu me feras connaître le sentier de la vie ; il y a d'abondantes joies devant ta face, des délices éternelles à ta droite. »

Cela dit, certains moments de notre culte familial devraient être marqués par la solennité et même le chagrin. Par exemple, on peut confesser un péché dans la prière ou chanter un psaume de lamentations ; néanmoins, c'est la joie qui l'emporte en fin de compte, car on sait que notre péché est pardonné en Christ et qu'il guérit toutes nos blessures.

Régulier et constant

Idéalement, notre pratique du culte familial doit être régulière et constante. On devrait s'efforcer d'adorer avec nos familles chaque jour. Mais cela est plus facile à dire qu'à faire, n'est-ce pas ? C'est probablement la lutte numéro un pour les familles de nos jours. Un père m'a dit ceci la semaine dernière : « On a eu des hauts et des bas avec le culte familial. Certaines périodes sont meilleures que d'autres. Ce mois-ci, on est assez constant, mais les deux prochains mois, peut-être pas ! »

Quiconque a mis en pratique le culte familial connait ce combat. Toutefois, il est bon de se rappeler constamment qu'il n'y a rien qui va diluer autant les avantages et les bénéfices du culte familial qu'une pratique sporadique de ce dernier. Un athlète cherchant à devenir en forme ne s'entraîne pas de manière sporadique. Il ne sera jamais au meilleur de sa forme s'il adopte cette approche. C'est sa constance et sa détermination à s'entraîner qui, au fil des mois, produiront les meilleurs résultats. On peut en dire autant pour le culte familial.

Il y a aussi des raisons théologiques et bibliques très véridiques de pratiquer le culte familial quotidiennement. Le Seigneur nous a enseigné dans le *Notre Père* à prier pour « notre pain quotidien » (Mt 6.11). On nous dit de « prier sans cesse » (1 Th 05.17). Les pères sont invités à enseigner à leurs enfants « quand *[ils se coucheront]* et quand *[ils se lèveront]* » (De 6.7). Ce sont des commandements qui s'adressent à des individus chrétiens, mais les principes de ces passages (Job 1.5 ; Ps 1.2 ; Da 6.10 ; Ph 4.6 ; 1 Ti 5.5 ; etc.) devraient être appliqués dans notre famille également. Il est difficile de prier pour « notre pain quotidien » et de « prier sans cesse » dans notre maison, si notre culte familial n'est pas régulier.

Certains préconisent la pratique du culte familial à raison de deux fois par jour (ma famille se porte bien avec une fois par jour et la plupart du temps, c'est une lutte, mais quelle bénédiction si vous pouvez le faire !). Dans l'Ancien Testament, des sacrifices étaient offerts matin et soir. Il y a des preuves qui suggèrent que l'Église du Nouveau Testament offrait des prières le matin et le soir. Il est également raisonnable de commencer la journée par un culte en famille pour fixer nos yeux sur Dieu et lui demander de bénir la journée, et de clore la journée dans l'adoration en famille, de demander pardon pour les péchés commis et rendre grâces pour les bienfaits de la journée. Il y a un grand bénéfice à terminer la journée dans l'adoration avec sa famille. Mais pour certaines familles, ce n'est pas possible. Le chef de famille doit s'adapter au mode de vie de sa famille et prendre une décision sage et pastorale sur la fréquence du culte familial à la maison. Les chefs de famille doivent se rappeler qu'ils sont des bergers prenant soin du troupeau. L'amour et la douceur doivent les caractériser. Ils devront donc chercher ce qui fonctionnera le mieux pour leur famille.

Il faut aussi être constant dans notre pratique du culte familial. Évitons de donner des messages contradictoires aux membres de la famille en l'abordant avec paresse un soir et avec sérieux le soir suivant. Notre constance dans l'approche et l'importance qu'on lui donne aura un effet durable sur le sérieux avec lequel notre famille prendra part au culte. En ce qui concerne le culte familial, on devrait s'efforcer d'approcher Dieu chaque jour avec une foi « sincère », résolue et focalisée sur celui qu'on adore.

Toutefois, dire que le culte familial doit être régulier et constant ne signifie pas qu'il doit être parfait ! On fait trop souvent du mal à nos familles en cherchant la perfection dans nos pratiques ou même comme personne. Les pères surtout ont besoin d'entendre ceci : votre culte familial ne sera jamais parfait ! Il n'a pas à l'être. Et il y aura des moments où il ne sera pas régulier et constant. Chaque fois que vous prendrez conscience du manque de régularité et de constance dans votre culte familial, rappelez-vous que c'est un moyen de grâce, et non un fardeau à porter. Reprenez-le là où vous étiez et repartez du bon pied. Il est bon de se rappeler que chaque famille passe par différentes périodes. Il peut y avoir des moments où ma famille est joyeuse, et d'autres où elle ne l'est pas. Pendant quelques semaines, notre famille peut traiter la lecture de la Bible, la prière et les chants avec un respect remarquable, et d'autres semaines où elle approche ces choses avec désinvolture. À travers toutes ces différentes périodes, soyez patients, pleins de grâce, et continuez de prier que Dieu vous bénisse. Il n'est pas à la recherche de la perfection ; ce standard a été atteint par Christ. Reposez-vous et appréciez ce que vous avez, tout en faisant de votre mieux et en priant que votre culte familial devienne encore plus respectueux, joyeux, régulier et constant.

CHAPITRE 6

CE QUE LE CULTE FAMILIAL N'EST PAS

Nous avons examiné ce qu'est le culte familial ; voyons à présent ce qu'il n'est pas. Le culte familial peut être mal compris et mal utilisé. Faisons en sorte que notre famille n'emprunte pas l'une ou l'autre de ces voies.

Une substitution au culte corporatif

Le culte familial ne remplace pas le culte corporatif. Certains ont abandonné le culte corporatif pour faire « l'église à la maison ». Comme nous l'avons souligné plus tôt dans ce livre, le culte corporatif est essentiel à la vie spirituelle de notre famille. On peut apprécier pleinement notre temps de culte familial à la maison et il peut y avoir beaucoup de fruit qui en découle, mais cela ne devrait pas nous éloigner des réunions de l'Église. Le culte familial ne vise pas à remplacer le rassemblement du corps de Christ avec sa diversité et la multiplicité de ses dons. C'est plutôt une autre sphère. On n'abandonne pas le culte du dimanche matin pour passer un temps en famille autour de la table de cuisine, peu importe ce qu'on fait autour de la table ! Dans la langue d'une époque antérieure,

Richard Baxter a fait la même remarque en disant : « On ne devrait pas écouter le chef de famille quand on devrait être à l'église, en train d'écouter le pasteur[1]. » Le chef de famille qui conduit sa famille à abandonner le culte corporatif en faveur du culte familial cause beaucoup de dégâts dans la vie spirituelle des personnes sous sa garde ; peu importe qu'il ou elle pense le contraire !

Adorer la famille

Voilà quelques années, un pasteur me faisait part de ses préoccupations au sujet de certaines familles et de leur attachement exagéré au culte familial. Il y avait un homme apprécié dans son assemblée qui aimait le Seigneur et aimait sa famille. Il était incroyablement doué et ses dons pouvaient profiter à l'Église. Or, chaque fois que le pasteur lui demandait de servir dans l'église, il répondait par la négative. Il ne pouvait pas servir les soirs de semaine, car cela l'aurait éloigné de son foyer et du culte familial. Il ne pouvait servir ni le dimanche matin ni le dimanche soir, car il lui fallait s'asseoir avec sa famille à l'église et à l'école du dimanche. Il ne pouvait pas servir le samedi, car c'était une journée entièrement consacrée à sa famille. Ses attentions et son amour pour sa famille étaient admirables, mais ces choses le conduisaient à des conclusions erronées. Ce qu'il ne comprenait pas, c'est que l'Église *et* sa famille souffraient de son amour trop prononcé pour sa famille !

Il y a des courants dans le monde évangélique d'aujourd'hui qui mettent trop l'accent sur la famille. On peut adorer la famille tout aussi facilement qu'on peut adorer l'argent ou Bouddha. Ces choses-là sont tout aussi idolâtres les unes que les autres. Quand on pratique le culte familial, on ne veut pas que tout notre monde tourne autour de notre famille. Autrement dit, on ne veut pas adorer la famille, on veut des familles qui adorent Dieu. La différence est grande. Une famille qui adore Dieu sincèrement va se tourner naturellement vers l'extérieur et s'impliquer davantage auprès des gens en dehors de leur foyer. C'est la réponse appropriée à notre croissance dans la grâce. Alors qu'on grandit dans notre amour pour Dieu, on aime les gens davantage. Ces deux choses ne peuvent être séparées. Ce sont les deux faces d'une même médaille. « Tu aimeras le Seigneur, ton Dieu, de tout ton cœur, de toute ton âme et de toute ta pensée [...] Tu aimeras ton prochain comme toi-même » (Mt 22.37,39).

Un fardeau ou un poids

Mentionnons-le une fois de plus : le culte familial est un instrument à travers lequel Dieu déverse sur nous sa grâce... Ce ne devrait pas être un fardeau. C'est une joie. Puisque ce ne devrait pas être un fardeau, il est inutile de se mettre de la pression si l'on manque un soir. Ce qui arrive souvent, c'est qu'une famille va manquer un soir, puis deux, puis trois, puis une semaine et qu'elle ne reprend jamais le culte. Ce qui se passe, c'est que nous avons l'impression de devoir recommencer une tâche énorme et le fardeau est tout simplement trop lourd à porter. Comme je le dis à mes amis et me le rappelle aussi à moi-même : si tu manques un soir, ça va. Reprends le culte le soir suivant. Si tu manques deux ou trois soirs ou même une semaine, ça va, ne te culpabilise pas. Il suffit de reprendre la pratique. Le culte familial, comme toutes sortes de cultes, est un moyen de grâce ; il ne doit pas être considéré comme un fardeau ou une tâche à accomplir. C'est quelque chose que l'on fait en réponse à la grâce de Dieu, et non pour la mériter. On l'approche souvent de façon légaliste. Cela nous empêche non seulement d'adorer Dieu avec joie, mais aussi de profiter de la relation de grâce que l'on a avec lui. L'adoration ne doit pas être un joug, mais un moyen de lever nos têtes. Par conséquent, si la semaine s'avère difficile, ne vous sentez pas coupables et ne faites pas sentir les membres de votre famille coupables pour avoir manqué des cultes familiaux. Contentez-vous de reprendre votre habitude. C'est la même chose avec les difficultés rencontrées pour le culte personnel. C'est le même combat avec le même remède : par la grâce de Dieu, on s'applique à reprendre la pratique.

De plus, on ne doit pas avoir des attentes trop élevées, surtout au début. On devrait commencer lentement. Le plan de culte familial que j'ai utilisé dans les quelques Églises où j'ai eu le privilège de servir est simple. C'est seulement un chapitre de la Bible à lire, une question-réponse de catéchisme, un verset biblique à mémoriser (si désiré), un hymne à chanter et un sujet de prière. Une famille peut facilement couvrir tous ces éléments en quinze minutes. Peut-être que c'est encore trop long pour certaines familles. C'est notre cas certains soirs. Si c'est votre cas lors d'une certaine journée, contentez-vous de lire la Bible et de faire une prière. Si un père ne se sent pas à l'aise d'expliquer la Bible, qu'il se contente de la lire sans donner d'explication. Commencez doucement, mais commencez.

Un temps pour blâmer

Certains tenteront d'utiliser le culte familial comme une occasion de blâmer et de réprimander les autres membres de la famille. Dans certains foyers, chaque lecture de la Bible semble être une occasion pour papa de rappeler aux enfants de bien se tenir, et à sa femme, de l'honorer. Le culte familial n'est pas le moment de faire passer vos messages ou d'exposer les péchés des autres membres de la famille. S'il y a désobéissance à la maison, cela devrait être résolu avant le culte familial. Ce ne doit pas être un temps que les enfants redoutent en se disant : « Bon, papa va encore nous faire des reproches ! » On ferait bien de se rappeler l'exhortation de Paul dans Colossiens 3.21 : « Pères, n'irritez pas vos enfants, de peur qu'ils ne se découragent. » Le culte familial devrait aider la famille à fixer ses regards sur Christ avant tout, et non sur les péchés d'autrui. Cependant, il peut arriver que la famille, dans son ensemble, décide de confesser un péché familial devant Dieu ou de résoudre un problème omniprésent. Les pères devraient alors diriger leur famille en ce sens. Assurez-vous seulement que ce ne soit pas pour servir « vos » intérêts et que ça ne devienne pas une routine tous les soirs. Un vrai leader-serviteur comprendra la différence.

Des activités familiales chrétiennes

Nous en avons déjà discuté dans d'autres chapitres ; on se contentera donc de traiter ce sujet brièvement. Le culte familial est différent des autres activités que les familles chrétiennes peuvent faire en soirée pour se divertir. Il est vrai que c'est une réelle bénédiction de voir des familles se rassembler pour lire un bon livre chrétien, ou pour faire un projet d'artisanat, ou même des sketches bibliques, mais ces choses sont différentes du culte familial. Le culte familial est centré sur les moyens que Dieu nous a donnés pour l'adorer : la lecture de la Bible, la prière et le chant (et dans le culte corporatif, les sacrements). Ces moyens ont été donnés par Dieu pour son culte, et ils sont les plus bénéfiques pour nos familles. D'autres activités peuvent être ajoutées à notre culte familial ou être faites à d'autres moments au cours de la semaine, mais il faut être vigilant pour qu'elles ne prennent pas la place du culte familial.

Une leçon de morale

De nombreux chrétiens cesseraient vite de venir à l'église si, chaque semaine, le sermon n'était qu'une leçon de morale (malheureusement, beaucoup d'autres ne le feraient pas !). La plupart des chrétiens comprennent que nous ne sommes pas des moralistes. On croit à la morale, certes, mais on ne croit pas à la morale pour l'amour de la moralité. Un chrétien veut voir les gens vivre des vies morales comme fruit du changement intérieur opéré par la grâce de Dieu répandue dans leurs cœurs. Ironiquement, certains d'entre nous, qui cesseraient de venir à l'église si le sermon hebdomadaire n'était qu'une leçon de morale, feraient précisément la même chose avec leurs enfants à la maison. Ils tomberaient alors dans un piège, celui de transformer le culte familial en menant la formation morale à son apogée. Ce n'est pas le but ou l'objet du culte familial. Le culte familial, c'est avant tout *l'adoration* de Dieu. On ne cherche pas à produire de petits moralistes sachant distinguer le bien du mal. On veut voir la vie de nos enfants transformée par l'Évangile, et on veut qu'ils vivent à la lumière de cette transformation. Ce devrait être le désir de tout parent chrétien. Qu'est-ce qui produit ce changement ? C'est Dieu, en œuvrant par l'intermédiaire de sa Parole.

Une garantie

La plupart des parents chrétiens désirent par-dessus tout que leurs enfants viennent au salut par la foi en Christ. Beaucoup de parents en pleurs viennent me voir tant ils sont inquiets pour l'âme de leurs enfants adultes. Nous avons tendance à vouloir trouver une méthode magique ou une stratégie qui nous garantirait le salut de nos enfants et qui nous éviterait la douleur que nous avons vue chez des parents plus âgés. Chers amis, cela n'existe pas. Il y a des Isaac et des Ismaël. On peut enseigner, partager la « bonne nouvelle », espérer, œuvrer et prier. On veut faire ces choses avec toute l'énergie et la détermination que Dieu nous a données, mais ensuite, on doit laisser nos enfants entre les mains du Seigneur. Je dis tout cela pour souligner le fait que le culte familial n'est pas une garantie que nos enfants viendront à la foi en Christ. C'est un outil que Dieu pourra utiliser. C'est un moyen utile pour que nos enfants entendent l'Évangile de la grâce et voient ce qu'est la foi en action, mais ce n'est pas une pilule magique. Si vous êtes l'un de ces parents dont les enfants ont grandi et n'ont toujours pas donné leur vie à Christ après avoir quitté le foyer, je compatis avec vous. Mais ce n'est pas un chagrin dénué d'espoir. Nous espérons que les semences plantées au fil des ans porteront du fruit au temps voulu. Vous avez partagé le témoignage de Christ à vos enfants. Vous les avez orientés vers lui, par vos paroles et votre vie, pas parfaitement, mais vous l'avez fait. Qui d'entre nous pourrait se vanter de l'avoir fait correctement ou, qui plus est, à la perfection ? Quelle que soit la situation actuelle de notre famille, nous pouvons continuer à persévérer dans la prière, à faire confiance à Dieu, et à espérer que le Seigneur utilisera ces années d'ensemencement de sa Parole pour appeler nos enfants prodigues à revenir à lui. Il est digne de notre confiance et de notre espérance.

Le culte familial est une véritable bénédiction, mais pour qu'il le soit, comme on l'a vu dans ce chapitre, il est nécessaire de préserver ce qu'il est, et de ne pas avoir des attentes étrangères à ce qu'il est. Lorsque vous commencerez à pratiquer le culte familial dans votre maison, vous vous apercevrez que le Seigneur, dans toute sa sagesse, a souhaité cette pratique au bénéfice de son peuple. Parfois, le culte vous semblera étrange et maladroit, et il pourrait être tentant de faire autre chose à la place. Mais en fin de compte, quand vous regarderez en arrière, vous remercierez Dieu pour toutes les soirées passées avec votre famille à l'adorer. Vous ne le regretterez jamais.

CHAPITRE 7

DE L'AIDE POUR L'AVENTURE

Aujourd'hui, très peu d'individus dans l'Église occidentale ont grandi en adorant Dieu au sein de leurs foyers. La plupart d'entre nous commencent donc avec des connaissances limitées et peu ou pas d'expérience en ce qui a trait au culte familial. Regardons quelques aides pratiques susceptibles d'aider nos familles dans cette nouvelle aventure.

Trouvez le meilleur moment

C'est tout un processus d'essais et d'erreurs, mais la plupart des familles fonctionnent mieux à certains moments de la journée qu'à qu'autres. Certains enfants (et parents !) ne sont pas opérationnels tôt le matin, tant qu'ils n'ont pas bu leur tasse de café. Oui, je connais une famille où les enfants boivent une tasse de café le matin et les parents vous diront que c'est nécessaire ! Si tel est le cas, n'essayez pas de faire le culte familial à ce moment-là. Certains pères et mères rentrent épuisés du travail, et ont besoin de temps pour se reposer avant de s'occuper du reste. Ce n'est peut-être pas le meilleur moment pour le culte familial. D'autres familles fonctionnent mieux le matin et peuvent choisir de faire le culte familial juste après le petit déjeuner ou avant que les enfants partent à l'école.

Un jeune couple marié peut choisir de faire le culte familial sur l'heure du midi, quand le mari ou la femme rentre à la maison pour manger. Pour certaines familles, le meilleur temps pour adorer est après le repas du soir ou avant le coucher. Essayez différents moments de la journée et voyez ce qui fonctionne le mieux pour tous. Chaque famille est différente. On a tous un rythme de vie qui nous est propre. Trouvez ce qui vous convient le mieux.

Un horaire fixe

Ma femme me taquine parfois quand elle voit mon horaire. J'ai différentes activités inscrites à différents moments. J'ai mon culte personnel de 6 h à 6 h 45, une rencontre avec un membre de l'Église, de 9 h à 10 h 30, puis elle verra que j'ai écrit « temps en famille » de 17 h à 20 h. Quand elle est un peu grincheuse, elle me dit : « Tu as donc besoin de mettre ta famille dans ton horaire ? » Elle plaisante, mais si elle était sérieuse, je répondrais : « Oui ». Autrement, les autres choses commencent à empiéter sur ce temps crucial pour la santé de notre famille. Je ne veux pas que mes enfants et ma femme soient négligés. Il est trop facile de prolonger jusqu'à 17 h 30 l'appel téléphonique que j'ai reçu à 16 h 45. Je veux pouvoir dire à mon interlocuteur (et à moi-même) que je dois raccrocher, car j'ai promis de consacrer ce temps à la famille, de 17 h à 20 h. Il y aura toujours de bonnes choses pour accaparer notre temps. Par conséquent, si on ne note pas les choses qui comptent le plus, elles seront souvent négligées au détriment d'autres bonnes choses dans la vie. À l'instar des autres tâches importantes, le culte familial doit être planifié. Pour chaque famille, ce sera différent. Peu importe la plage horaire que vous choisirez, assurez-vous d'en réserver une à cette fin. Cela ne signifie pas nécessairement que le culte familial doit être absolument à 18 h tous les soirs. L'horaire peut rester flexible. Il y a des soirs où le souper n'est pas terminé à 18 h. Ne soyez pas rigides, mais demeurez constants dans votre routine pour que votre famille sache qu'il y a un temps de réunion pour le culte. Sans cela, vous le ferez rarement. D'autres choses vous empêcheront de faire le culte familial.

Au même endroit

Tout comme le fait de faire le culte familial au même moment est important, il est aussi utile de le faire toujours au même endroit. Certaines familles se réunissent autour de la table de la cuisine ou de la salle à manger. J'ai eu le plaisir d'être invité à souper par plusieurs familles qui ouvrent leurs bibles juste avant ou après le repas, tandis que tout le monde est assis autour de la table. D'autres peuvent choisir de s'installer dans le salon ou la véranda. Le lieu importe peu, c'est simplement utile que le culte se fasse toujours au même endroit. Ceci aide particulièrement les jeunes enfants. Mon fils et ma fille savent que lorsqu'on dit que c'est le temps du culte familial, on se retrouve tous au salon. Quand ma fille était petite, elle était à peine capable de monter sur le canapé, mais au moment du culte familial, elle se hissait sur le canapé. Elle se blottissait entre maman et papa. Elle savait qu'elle devait rester assise tranquille sur le canapé pendant le culte familial, jusqu'à la prière de clôture. C'était un soulagement pour ma femme et moi. Nous n'avions pas besoin de lutter avec elle chaque semaine ou de lui expliquer à nouveau pourquoi elle devait s'asseoir tranquille. Les enfants s'épanouissent au sein de routines. La constance du lieu choisi pour le culte familial les aidera à se concentrer et à canaliser leur énergie. Se réunir au même endroit minimise aussi les distractions. Comme c'est un lieu familier et habituel, leurs regards sont moins distraits par leur environnement.

Commencez lentement

Petit à petit, nous sommes en train d'amener l'Église à reprendre cette importante discipline, et ce, avec l'espoir que nos enfants seront en mesure d'aller un peu plus loin que nous. Puisque la pratique est nouvelle pour la plupart d'entre nous, il ne faudrait pas mettre la barre trop haute en ayant des attentes trop élevées dès le départ et même à long terme. De nombreux chefs de famille seront convaincus de l'importance du culte familial et entraîneront leur famille dans cette discipline. Leur zèle peut toutefois les conduire (surtout les pères !) à essayer de faire courir leur famille avant même qu'elle ne sache ramper. Pères, ne demandez pas à vos enfants de mémoriser Lévitique dès les premières semaines de culte familial ! Commencez par lire un petit passage de la Bible, faites une brève prière et chantez un chant. La capacité et le désir d'avoir un culte plus complet se développeront au fur et à mesure que les membres de la famille grandiront ensemble dans l'adoration.

Soyez bref

Le culte familial ne devrait pas être un fardeau, mais il peut le devenir s'il est trop long. Les jeunes familles, plus particulièrement, doivent garder cela à l'esprit en raison de leurs enfants en bas âge. Ceux qui commencent cette nouvelle habitude devraient, eux aussi, s'assurer que leur culte soit bref. Il est étonnant de voir la qualité que peut avoir une adoration de quinze ou même dix minutes. Certaines familles peuvent trouver que quinze minutes, c'est trop court. Formidable ! Mais la plupart des familles ne devraient pas chercher à avoir une demi-heure de culte chaque soir. En ce qui me concerne, je sais que cela ne fonctionne pas pour ma famille en ce moment. La durée de votre culte familial pourrait changer avec le temps alors que votre famille avance en âge ou dans la foi, mais elle ne peut pas servir à mesurer la maturité spirituelle de votre famille. N'oubliez pas ce que Jésus a dit à propos des scribes et de leurs longues prières (Mc 12.40 ; Lu 20.47) : elles n'étaient que de faux-semblants dits pour l'apparence seulement. Un culte plus long ne signifie pas toujours que c'est mieux.

Faites-en une priorité

Pour que le culte familial réussisse à long terme, il faut en faire une priorité à la maison. Cela signifie que l'on doit veiller à ce que rien ne vienne prendre sa place dans notre horaire. Une famille qui est rarement ensemble à la maison est une famille qui ne peut pas adorer ensemble. Lire la Bible en allant au cours de gymnastique ou à l'entraînement de football peut être une excellente idée, mais ce n'est pas comme la pratique régulière du culte familial à la maison. Nous devons faire du culte familial une priorité. Cela veut-il dire que les membres de la famille ne peuvent pas avoir autre chose dans leur horaire ? Absolument pas ! En revanche, cela signifie que nos agendas ne peuvent pas être surchargés. Le chrétien occidental d'aujourd'hui a besoin d'entendre cela. En outre, ce ne sont pas toujours des activités communautaires ou sportives pour les enfants qui remplissent nos agendas, ce sont souvent celles de l'Église. Il est important de servir dans l'Église et d'avoir une communion dynamique avec nos frères et sœurs en Christ. Pourtant, si ma famille et moi sommes engagés dans des activités de l'Église quatre soirs par semaine, il est évident que nous ne sommes pas souvent ensemble à la maison. On peut faire de bonnes choses dont notre famille et les autres peuvent bénéficier, mais on ne doit pas être impliqué dans les activités de l'Église au point de négliger le ministère qu'on est appelé à exercer auprès de notre famille. Être très occupé (même avec les activités de l'Église), ce n'est pas faire preuve de piété.

Être flexible

Après avoir évoqué l'importance de fixer un temps pour le culte familial, je tiens également à souligner l'importance d'être flexible dans notre approche du culte familial. Tout d'abord, il y aura des jours où cela ne fonctionnera tout simplement pas. Si cela se produit régulièrement, il faudra s'ajuster et trouver un temps plus opportun pour le culte familial. Toutefois, certains jours, cela ne fonctionnera pas non plus, malgré les nouvelles dispositions, et la famille devra remettre le culte au lendemain, au surlendemain ou même au jour d'après. Ce n'est pas grave ! Le culte familial est un outil ou un moyen de grâce, non pas un fardeau pour notre famille. Deuxièmement, faites preuve de souplesse dans votre approche. Certains soirs, notre famille est simplement fatiguée et les vingt minutes de culte peuvent être trop longues. On se contentera alors de lire un court psaume, de prier le *Notre Père* ensemble et de chanter « Jésus m'aime ». Être flexibles dans notre approche nous permettra d'éviter beaucoup de mal et de stress pour nos familles. En pensant à l'adoration, il est bon de se rappeler que Dieu nous a donné sa grâce surabondante en Jésus-Christ. En fait, c'est par cette même grâce qu'on est en mesure de l'adorer. C'est la grâce répandue dans nos cœurs qui produit en nous le désir de lui offrir la louange de nos cœurs reconnaissants. Si c'est le cas, et ça l'est, apprenons à donner aux membres de notre famille une touche de cette grâce dans notre approche du culte familial. Combien il est bon non seulement d'être *conscient* de la grâce de Christ, mais de la connaître et de *vivre* dans sa grâce !

Montrer la bonne attitude

Notre attitude est grandement liée à nos expériences. Les autres regardent toujours notre attitude. Les maris doivent avoir la bonne attitude devant leur épouse et les parents doivent démontrer une bonne attitude devant leurs enfants. Les enfants sont incroyablement intuitifs. Je n'ai pas à dire à mes enfants que les magasins de bougies et de couture ne sont pas mes destinations préférées. De même, ils savent quand maman et papa font les choses machinalement ou qu'ils appellent la famille à contrecœur pour le culte familial. C'est tout à fait différent quand maman et papa ont hâte de faire le culte et qu'ils rayonnent de joie pendant le culte familial. Comme l'a dit un vieil auteur, « la morosité ou l'austérité dans la pratique du culte leur donnera l'impression que c'est un service laborieux. Recevez-les donc avec le sourire. Recevez-les comme des amis. Recevez-les comme si vous étiez sur le point de prendre part au culte le plus agréable qui soit et qu'ils étaient invités à s'y joindre[1] ». Au fil du temps, cette attitude affectera le climat de votre foyer et l'approche de chacun, non seulement dans l'adoration, mais aussi dans la vie en général.

Persévérez

Le conseil le plus important pour le culte familial est peut-être celui de persévérer. Il y aura des moments et même des semaines où il semblera être une corvée qui porte peu de fruit. Votre tout-petit a du mal à rester assis et vous pouvez peut-être en dire autant de votre adolescent ! Votre aîné se plaint tous les soirs ou encore vous peinez à chanter sur la bonne note. En dépit des découragements, persévérez ! Vous n'êtes pas seul et votre situation n'est pas unique ! Certains soirs, nos cultes familiaux ressemblent plus à une comédie qu'à un rassemblement devant le trône de Dieu ! Il y a quelques années, on lisait un passage dans Proverbes. Bien sûr, dans Proverbes, il y a un refrain constant sur la voie des justes versus la voie des méchants. Ma fille, alors âgée de cinq ans, pensait que le passage parlait de la « voix » des méchants. Elle s'est mise à nous faire des imitations de voix gentilles et de voix méchantes. Bien sûr, mon fils, qui traversait alors une phase où il reproduisait tout ce que sa sœur faisait, se mit à faire la même chose. Les deux enfants ont fini par se chamailler pour savoir qui allait faire le gentil et qui allait faire le méchant de l'histoire. Notre culte familial a déraillé à ce moment-là. Quand cela arrive, la solution est souvent de revenir sur ce que vous étiez en train d'étudier lors du prochain culte. Soyez endurant et persévérant dans le culte familial. La persévérance est le meilleur remède à tous ces maux. Au fil du temps, vous parviendrez à surmonter la plupart d'entre eux et les fruits qui étaient invisibles au début commenceront à se manifester.

CHAPITRE 8

QUE FAIRE SI...

J'espère que la plupart d'entre nous seront convaincus de l'importance et de la bénédiction du culte familial. Toutefois, une conviction n'entraîne pas toujours une action. En tant que pécheur, on est prompt à trouver des excuses et à rationaliser au point où l'on peut aller à l'encontre de ses convictions sans trop se culpabiliser. D'autres peuvent choisir de commencer le culte familial dans leurs maisons, mais pour certains d'entre nous, le découragement s'installe et les convictions sont abandonnées sur le bord du chemin après des mois de lutte. Ce chapitre ne prend pas en compte tous les scénarios possibles, mais voici quelques-unes des difficultés courantes qui se présentent quand on pense au culte familial et à notre propre famille.

Je suis un parent monoparental

J'ai été élevé durant la majeure partie de mon enfance par une mère monoparentale et j'ai vu de près les luttes quotidiennes d'un parent monoparental. Il y a peu de mères ou de pères monoparentaux qui rentrent du travail avec beaucoup d'énergie en surplus. En plus, ils doivent faire le souper, la vaisselle, voir comment leurs enfants ont passé la journée, les aider à faire les devoirs, les mettre au lit, préparer les lunchs pour le lendemain ; la liste se poursuit... La journée peut devenir longue et fatigante. La mère ou le père monoparental se charge en fait des responsabilités des deux parents. C'est loin d'être facile. Les parents monoparentaux doivent être honorés et félicités pour leur travail inlassable. Néanmoins, nous voulons continuer d'encourager les parents monoparentaux à conduire leurs enfants dans l'adoration. On ignore si Timothée dans la Bible avait un père à la maison, mais il est clair que sa grand-mère, Loïs, et sa mère, Eunice, se sont chargées de son éducation spirituelle. Elles lui ont transmis leur foi comme un bon dépôt. D'ailleurs, Paul le rappelle à Timothée (2 Ti 1). C'est un héritage considérable que Loïs et Eunice lui ont légué ! Cher parent monoparental, votre précieuse foi est le plus beau cadeau que vous pouvez transmettre à vos enfants, et le culte familial est l'un des meilleurs outils pour vous aider à y parvenir.

Je ne me sens pas à l'aise

C'est généralement l'un des principaux obstacles au démarrage du culte familial dans nos foyers. Il se profile sous deux formes différentes. Tout d'abord, le chef de famille se sent incapable de conduire sa famille dans l'adoration, parce qu'il est tout à fait conscient de son état de pécheur. En plus, le reste de la famille le sait ! Or, le fait d'être pécheur et d'en être conscient est en soi une qualification pour diriger sa famille dans l'adoration. C'est un cœur de pierre transformé en cœur de chair qui répond à la loi de Dieu. C'est le croyant régénéré, repris par sa conscience, qui est peiné par son péché. C'est aussi le croyant régénéré qui connaît la miséricorde et la grâce que l'on trouve uniquement en Jésus-Christ. C'est vers lui que le chef de famille oriente sa famille, ce Seigneur qu'il est en mesure d'appeler son Sauveur. Nos péchés ne nous disqualifient pas pour le service dans le royaume du Seigneur. Si tel était le cas, aucun pasteur ne pourrait se tenir devant une assemblée le dimanche matin. Aucun père, mari ou mère ne pourrait conduire sa famille dans l'adoration. Nous sommes tous des pécheurs qui bénéficient de la grâce de Dieu. Dans cette vie, ceux qui ont appris à connaître Christ sont à la fois des pécheurs et des saints. Les chrétiens, qu'ils soient pères ou mères ou maris, sont les deux en même temps, et ce n'est pas là une disqualification, mais une qualification.

Deuxièmement, plusieurs se sentent incapables de diriger leur famille dans l'adoration parce qu'ils ne se sentent pas à l'aise de prier devant leur famille ou d'enseigner la Bible. Ne permettons pas à cette inquiétude de nous dissuader de faire ce qui est essentiel. Le père, le mari ou la mère qui se sent ainsi devrait commencer simplement. Par exemple, au lieu d'éviter la prière parce que vous avez peur de prier en public, vous pourriez essayer d'ouvrir la Bible dans Matthieu 6 et de prier en utilisant le *Notre Père*. Toutefois, il ne faut pas s'arrêter là. Par amour pour Christ, nous devons chercher à grandir dans notre vie de prière. Lorsque vous commencerez à déverser votre cœur (Ps 62.6) devant Dieu dans votre culte personnel, vos prières grandiront en maturité. Vous deviendrez plus à l'aise dans la prière et, éventuellement, cela se manifestera par la prière avec et pour votre famille.

Notre connaissance insuffisante de la Bible et notre crainte d'enseigner notre conjointe ou nos enfants ne devraient pas non plus nous empêcher de pratiquer le culte familial. Commencez tranquillement et faites confiance à Dieu. Si vous n'êtes pas à l'aise d'enseigner ou de faire un commentaire sur un passage de la Bible qui vient d'être lu, ne le faites pas.

Avec le temps, vous grandirez dans la foi et dans la connaissance de la Bible, et ce sera comme une seconde nature de poser des questions et de souligner le thème central de la lecture biblique de ce soir-là. Douglas Kelly a des paroles perspicaces et pastorales pour nous à ce sujet :

> N'oubliez pas ce fait significatif : quelques paroles simples, directes et sincères d'un parent ont un impact beaucoup plus important sur n'importe quel enfant que le discours éloquent d'une instruction raffinée venant d'un étranger. Notre vrai problème, en tant que parents, n'est pas tant notre manque de compétences à prier, à lire ou à commenter que notre sous-estimation de l'immense pouvoir et influence que Dieu nous a donnés pour façonner notre progéniture pour sa gloire, tout simplement parce que nous sommes les représentants de la relation de l'alliance en tant que parents « en Christ[1] ».

Mon conjoint est un non-croyant

C'est l'un des scénarios les plus difficiles à traiter et notre approche devrait varier sensiblement si c'est le mari ou la femme qui est chrétien. Des épouses chrétiennes devront toujours chercher à honorer leurs maris (Ép 5.22). Certains des plus fidèles chrétiens dans le monde sont des femmes vivant avec un mari non croyant ; leur amour pour Christ se manifeste alors dans leur façon d'honorer continuellement leurs maris. Ce doit être le principe qui guide l'épouse chrétienne dans ses actions, comme dans chaque partie de sa vie conjugale. La femme chrétienne vivant avec un mari non croyant doit chercher à comprendre et à valoriser cela en premier. Elle pourra ensuite envisager le culte familial dans son foyer. Il y a cette merveilleuse question de Paul, dans 1 Corinthiens 7, où il dit à la femme chrétienne mariée à un non-croyant : « Car sais-tu, femme, si tu sauveras ton mari ? » L'exemple de foi et de caractère de la femme est souvent utilisé par le Seigneur pour amener le mari non croyant à lui. Il est difficile pour une femme chrétienne de témoigner fidèlement de la bonté de son Seigneur si elle est méprisante et manque de respect envers son mari. Par conséquent, par-dessus tout, elle devra faire attention de le respecter dans son approche, car il se fera une idée de Christ en fonction des actions de sa femme.

Chère sœur chrétienne qui êtes dans cette situation, je vous encourage à aborder votre mari en toute douceur et avec sagesse, pour lui demander s'il accepterait de se joindre à vous, chaque jour, pour la lecture de la Bible. Il est peu probable qu'il se joigne à vous dans le chant, mais il se peut qu'il le fasse pour la lecture de la Bible et la prière, si elle est courte (et si c'est vous qui priez). S'il refuse, faites-lui savoir que vous serez assise sur le canapé tous les soirs, à telle heure, pour lire la Bible et prier, et que vous serez très heureuse qu'il se joigne à vous un jour. Ensuite, à vous d'être constante. S'il ne se joint pas à vous durant vos temps de prière, continuez de prier que le Seigneur pousse votre mari à se joindre à vous le soir suivant. Cela prendra peut-être des années avant qu'il accepte, mais il sera difficile pour lui de ne pas être témoin de votre adoration du Seigneur, chaque soir, à la maison. Peut-être qu'il finira par se joindre à vous. Il y a deux choses qui exigent de la prudence de votre part lors de cette démarche. Premièrement, veillez à ce que votre culte ne devienne pas un spectacle pour votre mari. Vous donnez un témoignage, mais votre culte doit toujours être centré sur Dieu. Deuxièmement, veillez à ne pas exaspérer votre époux en lui mettant trop de pression pour qu'il se joigne à vous. Continuez de prier et, au moment opportun et avec sagesse, rappelez-lui qu'il est le bienvenu pour se joindre à vous, et que cela vous ferait bien plaisir. Qui sait, chère sœur, « si tu sauveras ton mari » ?

Les époux chrétiens devraient toujours chercher à chérir leurs femmes. Cela devrait être l'influence déterminante pour le mari chrétien dans son mariage et, par conséquent, dans son approche du culte familial à la maison avec une femme non croyante. J'encouragerais le mari chrétien à aborder sa femme avec amour pour lui dire que, parce qu'il l'aime, il aimerait lire la Bible et prier avec elle tous les soirs. Il faut qu'elle sache que ce sera un lieu sûr, et non une occasion pour lui de l'intimider. Il peut même lui dire qu'il aimerait la laisser choisir le passage biblique qu'ils liront chaque soir. Si elle refuse, il devra adopter la même approche que celle de l'épouse avec un mari non croyant, telle que mentionnée ci-dessus. Il doit l'informer qu'il sera là, assis sur le canapé tous les soirs, à telle heure, et qu'il serait heureux qu'elle se joigne à lui si elle le désire. Chaque soir, elle devrait pouvoir le voir assis là. Il doit également s'assurer que le culte familial ne devienne pas un spectacle pour sa femme. Il doit aussi faire attention de ne pas manquer d'amour dans sa façon d'agir envers elle.

S'il y a des enfants à la maison, le conjoint croyant devrait essayer d'inclure les enfants dans le culte familial, même si le conjoint non croyant refuse de participer. Il sera difficile d'insister sur l'importance du culte à la maison avec vos enfants si leur père ou leur mère refuse de participer, mais cela ne signifie pas que c'est impossible. Il viendra un temps où votre frustration atteindra des sommets et vous voudrez « jeter l'éponge », mais ne le faites pas. Persévérez et continuez d'encourager vos enfants dans l'adoration. Le culte familial devrait être une expérience positive et votre joie dans votre approche du culte familial influencera grandement vos enfants, et par la grâce de Dieu, votre conjoint sera aussi influencé.

Mon conjoint est chrétien, mais il n'est pas intéressé

Certains sont mariés à des chrétiens qui ne voient pas la nécessité ou l'avantage de pratiquer le culte familial. Parfois, ils sont juste inquiets et ont peur de l'inconnu ou de ce qui serait exigé d'eux s'ils participaient. La meilleure ligne de conduite à adopter est la patience. Soyez patient, humble et affectueux à l'égard de votre conjoint. Priez que le Seigneur lui donne la même conviction que vous. Trouvez pourquoi il a des réserves et cherchez à comprendre son raisonnement. Une fois de plus, j'encourage le conjoint convaincu à fixer un temps, à inviter son conjoint et à commencer le culte à la même heure tous les jours. Lorsque nous sommes avenants dans notre approche envers notre conjoint chrétien et fidèle dans notre requête, il arrive souvent que le Seigneur nous bénisse et que notre conjoint finisse par se joindre à nous. Soyez doux et commencez lentement lorsqu'il se joindra à vous. Permettez-moi de vous encourager en disant que j'ai vu beaucoup de familles chrétiennes où l'un des conjoints s'opposait au culte familial. Aujourd'hui, la plupart de ces conjoints anciennement réticents sont très heureux d'y prendre part avec leur famille.

J'ai des enfants d'âges différents

Avoir des enfants d'âges différents est une bénédiction pendant le culte familial. Toutefois, beaucoup ont du mal à s'adapter aux capacités différentes de leurs enfants et ne savent pas comment aborder le culte familial à cause de cela. L'une des premières fois où j'ai assisté à un culte familial, c'était dans une famille de six enfants. J'ai aussitôt remarqué la façon dont les enfants de divers âges participaient à cette soirée. C'était un plaisir de regarder les enfants plus âgés aider les plus jeunes. Ils tournaient les pages de la Bible et leur montraient le passage à suivre avec leurs doigts. Les enfants plus âgés semblaient fiers d'assumer cette responsabilité. Les jeunes enfants semblaient contents de recevoir une attention particulière de la part de leurs frères et sœurs aînés. Si les enfants plus âgés sont en train de mémoriser le catéchisme ou des versets bibliques qui sont trop difficiles pour les jeunes enfants, il est important de donner aux jeunes enfants des responsabilités pendant le culte familial. Ils peuvent entraîner la famille dans la louange ou dire la prière finale. Quant aux plus jeunes, ils peuvent être responsables d'aller chercher les Bibles et les recueils de chants, et de les distribuer aux autres membres de la famille. Même un enfant de deux ans et demi est capable de faire cela et d'y prendre plaisir. Mettez les capacités de chacun au service des autres. Par exemple, notre plus jeune enfant aime bien nous rappeler l'ordre de la prière : « papa en premier, ma sœur en second, maman en troisième et moi, je prierai le dernier ».

Mes enfants ont du mal à se tenir tranquilles

Au début, avec des enfants en bas âges, on se retrouve plus souvent occupés à apprendre à nos enfants à se tenir tranquilles qu'à adorer Dieu (en tant que père d'un petit garçon de quatre ans, il arrive que, certains soirs, je ne me voie pas comme un adorateur, mais plutôt comme un croisement entre une piñata et un gymnaste). Pourtant, cette lutte est un « mal » nécessaire. Avec le temps, cela portera des fruits. Avec de jeunes enfants, faites-les asseoir initialement sur les genoux de maman ou de papa. Lorsqu'ils parviennent à se tenir tranquilles, on peut les faire asseoir sur le canapé ou sur le sol, entre papa et maman. Éventuellement, ils apprendront à rester assis, mais vous devez être constant et déterminé. Ce sera aussi un bel acquis pour le culte corporatif.

Je constate un manque de participation

Parfois, vous pouvez faire face à ce genre de situation : pendant des semaines, les enfants sont frustrés et se plaignent à l'idée d'avoir un autre culte familial. Vous n'auriez jamais cru cela possible, mais les temps de louange sont pires que jamais et les enfants sont toujours dans la lune pendant la lecture de la Bible. Personne ne participe lors des cultes et vous êtes fatigué. Diriger de culte familial est devenu un fardeau. On a tous connu ça. N'arrêtez pas ! Qui sait quelles graines ont été semées et ce que le Seigneur fait dans les cœurs sous la surface ! Le monde mesure le succès en fonction de ce qu'il voit, mais, en tant que chrétiens, on sait bien que la vue nous joue souvent des tours. Luttez contre le découragement et persévérez. On passe bien des heures et des années de frustration à travailler notre swing de golf ou à apprendre à cuisiner ; on devrait redoubler de détermination pour persévérer dans le culte familial. En réalité, on a plus que de la détermination : on a un espoir inébranlable. Dieu a promis d'accomplir son œuvre par sa Parole : appuyez-vous sur elle ! N'abandonnez pas ! Faites confiance au Seigneur et persévérez.

Je ressens une certaine tiédeur spirituelle

La tiédeur de notre foi n'est pas une barrière que la plupart d'entre nous reconnaîtraient volontiers. Or, c'est l'une des plus grandes luttes, non seulement pour maintenir le culte familial, mais dans la vie chrétienne en général. En bref, on ne veut pas vivre en étant centré sur Christ et sur l'adoration de sa personne. Il est facile de professer le contraire, mais en réalité, d'autres choses sont plus importantes pour nous et notre famille. On prend du temps chaque jour pour faire le ménage, se reposer en regardant la télévision et participer aux activités de nos enfants, mais trouver du temps pour le culte familial quotidien semble trop compliqué. En fait, la tiédeur s'est emparée de nos cœurs (Ap 3.15,16).

Je pense que l'on connaît tous ce piège et combien il est facile d'y tomber. On doit donc se résoudre à se battre et à chercher

Christ. Le problème est souvent que la tiédeur demeure, car on le cherche par nos propres forces. Une quête passionnée de Christ, motivée par l'amour, qui engage notre intellect, transforme notre cœur et anime notre âme n'est possible qu'en demeurant en lui et lui en nous (Jn 15). C'est vers lui que l'on doit courir. Faites cela dans la prière et demandez, selon la richesse de sa gloire, qu'il vous accorde d'être puissamment fortifié par son esprit dans votre être intérieur, afin que Christ demeure richement dans votre cœur par la foi et que vous soyez enraciné et fondé dans l'amour, pour comprendre, avec tous les saints quelle est la largeur, la longueur, la hauteur et la profondeur, et connaître l'amour de Christ qui surpasse toute connaissance, en sorte que vous soyez rempli de la plénitude de Dieu (Ép 3.14-19). Sa grâce est suffisante et efficace. Si elle peut prendre des cœurs de pierre et les transformer en cœur de chair (Éz 36.26), sa grâce est suffisante pour transformer nos cœurs tièdes en fourneaux brûlants pour sa gloire. En doutez-vous ? Alors rappelez-vous comment Paul a terminé cette prière dans Éphésiens : « Or, à celui qui peut faire, par la puissance qui agit en nous, infiniment au-delà de tout ce que nous demandons ou pensons […] » (Ép 3.20). C'est à ce Dieu que nous offrons notre adoration. « À lui soit la gloire dans l'Église et en Jésus-Christ, dans toutes les générations, aux siècles des siècles ! Amen ! » (Ép 3.21.) Comme il est digne de notre adoration, dans notre vie, nos églises et nos maisons !

CHAPITRE 9

FAITES-LE !

Nike a fait beaucoup d'argent avec son slogan publicitaire *Just Do It* (« Faites-le »). On peut parler du culte familial, de son importance, de son impact et de la façon de le pratiquer, mais à moins de s'y mettre, on n'obtient aucun résultat ! Cela fait quelques générations maintenant que nos familles ont été affamées. On a laissé le centre de la famille chrétienne partir à la dérive et l'Église en a subi les conséquences. N'est-il pas temps que l'Église évangélique recommence le culte à la maison ? Non seulement le culte familial a fait ses preuves au fil du temps, mais c'est un commandement de Dieu. Pourquoi attendre plus longtemps avant de s'y mettre ?

C'est ma prière constante et mon espoir de voir le Seigneur conduire l'Église évangélique dans un temps de réveil. Que ce réveil au sein de l'Église se propage pour devenir un réveil dans le monde entier. Toutefois, on ne peut parler de la foi chrétienne ayant un impact sur notre monde, notre pays ou notre communauté, si elle n'a pas tout d'abord un impact sur nos foyers. Et c'est surtout par le culte familial que notre foi chrétienne sera transmise dans nos foyers. Pourquoi chercher à évangéliser les autres et à les inviter à venir à la foi pour qu'il y ait davantage d'adorateurs devant le trône, si nous ne sommes pas nous-mêmes engagés à adorer Dieu dans notre propre maison ? On ne peut pas se plaindre que nos enfants s'éloignent de Dieu si l'adoration n'est pas au centre de leur éducation à la maison. Même si le culte familial n'est pas le seul moyen, c'est assurément l'un des outils les plus bénéfiques. À la lumière de cela, il est temps de réintégrer la pratique chrétienne du culte familial. Commençons par ma maison et la vôtre. Par la grâce de Dieu, la pratique se propagera dans les autres foyers de nos Églises et dans tout le pays. Mais quelqu'un doit commencer... et pourquoi pas vous et votre famille ? Comme l'a dit Matthew Henry : « Soyez persuadés, frères, et consacrez vos maisons à Dieu, et priez pour qu'il vienne en prendre possession. Si vous ne l'avez jamais fait, faites-le ce soir avec tout le sérieux et la sincérité dont vous êtes capables[1] ». Amen. Faites-le !

Il est toujours utile d'entendre des témoignages de l'œuvre de Dieu dans la vie des autres. J'ai toujours trouvé encourageant le fait d'entendre ce que Dieu fait et je suis sûr que c'est pareil pour vous. Nous concluons donc ce livre avec quelques témoignages de familles qui ont connu un renouveau grâce au culte familial dans leurs maisons. Aucune d'entre elles ne professe qu'elle aime Christ autant qu'elle le souhaiterait. Pas une seule personne dans ces témoignages ne pense vivre parfaitement. Au contraire, toutes s'appuient sur la grâce de Dieu en Christ et cherchent à poursuivre cette grâce dans leurs maisons. Toutes connaissent les difficultés de la vie chrétienne et de la famille chrétienne, mais le culte familial est devenu un grand encouragement dans leur amour pour Christ et dans leur vie en lui.

***

Carissa Minnaar, jeune épouse et mère
(Mason, Michigan)

Il est 8 h 15, un mardi soir. La vaisselle est presque terminée, les enfants sont au sous-sol et dépensent ce qui leur reste d'énergie avant d'aller au lit. Mon mari et moi essayons de prendre quelques minutes pour faire le point sur la journée, malgré le vacarme assourdissant qui passe à travers le plancher. Le cri d'un des enfants qui s'est cogné la tête sur un poteau nous indique qu'il est temps de terminer la journée...

« CULTE FAMILIAL ! », hurle mon mari dans les escaliers. Les enfants accourent dans le salon. Pendant longtemps, on a bien essayé d'avoir le culte familial aussitôt après le repas, alors que tout le monde était encore à la table. Or, la « Marthe » en moi était trop souvent tentée de travailler dans la cuisine pendant que les enfants étaient occupés à écouter papa et le football interférait parfois dans l'horaire. En plus, la moitié les enfants finissaient leur souper en moins de trois minutes et étaient trop énervés au moment où on terminait ; le plus souvent, on ratait notre culte. Désormais, on se réunit juste avant le coucher des plus jeunes pour lire, chanter et prier. Si les événements de la soirée finissent tard et qu'on est tenté de sauter une fois, habituellement l'un des enfants nous rappelle qu'on doit faire le culte familial (même si c'est parfois utilisé comme une excuse pour ne pas aller au lit et même si ça ressemble parfois davantage à un « temps de discipline familiale » qu'à un temps de culte familial).

On a choisi une variété d'options pour la partie lecture : des versets bibliques, des méditations quotidiennes, des histoires de la Bible. Mon mari connaît les problèmes et les besoins actuels de notre famille et on a pu constater que si un enseignement tiré d'un livre de méditations quotidiennes est trop contraignant, il ne peut pas prendre soin de nous aussi personnellement. Donc, en général, on lit soit un passage de la Bible ou on utilise une bible illustrée, et cela nous permet de choisir nous-mêmes les questions. Tous les enfants aiment chanter, même s'il y a parfois des conflits mineurs sur qui va choisir la chanson ! La requête la plus fréquente est sans aucun doute « Saint, Saint, Saint ».

Ma tradition préférée, que l'on a commencée ces derniers mois, consiste à s'agenouiller autour de la table basse du salon quand vient le temps de prier. Un de nos enfants a tendance à rêvasser à voix haute, une autre gigote tellement qu'elle se retrouve souvent à l'envers sur le canapé au moment de la prière et un autre se perd dans ses pensées quand on a les yeux fermés. Le fait de s'agenouiller nous a aidés à nous concentrer sur la tâche à accomplir. Nous voulons que nos enfants voient concrètement que nous sommes une famille qui se soumet humblement au Dieu trinitaire à la fin de chaque journée. Quand tout se passe bien le soir, après le temps de prière, les enfants regagnent tranquillement leur chambre à l'étage, bras dessus, bras dessous, avec les hymnes que nous venons de chanter résonnant encore dans leur tête. Bien sûr, ça ne ressemble jamais tout à fait à ça, mais notre prière est que, même les soirs les plus difficiles, ils apprennent que le Dieu de l'Alliance, qui garde notre famille, les connaît, les aime et les accompagnera, quelle que soit la distance à laquelle ils voyageront à l'extérieur des murs de notre maison.

Ryan Kelly, jeune père et mari
(Chester Springs, Pennsylvanie)

J'étais un étudiant de dernière année au début de mon mariage. Parce que mon horaire d'école changeait radicalement chaque jour et chaque session, ma femme et moi avions du mal à maintenir un horaire constant pour le culte familial. Cette instabilité générait des irrégularités dans notre adoration. Tout allait bien pendant quelques jours, puis venait une période de sécheresse. On recommençait pendant une semaine, puis c'était à nouveau une autre période de sécheresse. Nous devenions frustrés, car chaque fois que nous voulions reprendre le culte familial, cela semblait de plus en plus difficile à cause de la culpabilité suscitée par les échecs passés. Notre pasteur nous a rassurés, toutefois, en nous disant que revenir à Dieu n'est jamais un échec. Une partie de notre sanctification vient de l'Esprit Saint qui utilise notre faiblesse pour produire une dévotion plus fidèle à notre Seigneur. Cet encouragement nous a accompagnés, et même s'il y a encore des saisons de sécheresse, on se rappelle que notre Dieu miséricordieux nous prend dans ses bras chaque fois qu'on retourne à lui.

John Fernsler, mari et père
(Boston, Massachusetts)

« *Est-ce que Dieu a menti ?* » C'est la question que ma fille aînée, Meagan, nous a posée après la lecture de Genèse 9 lors de notre culte familial. Le chapitre se termine par : « Tous les jours de Noé furent de neuf cent cinquante ans. Puis il mourut ». Un peu surpris par la question, j'ai dit : « Quoi ? » Elle m'a répondu que quelques chapitres auparavant Dieu avait dit qu'il n'allait pas permettre à l'homme de vivre plus de 120 ans (Ge 6.3), d'où la question : *Est-ce que Dieu a menti ?* On a vérifié et bien sûr, c'est ce qu'il dit. On avait commencé le culte familial tout récemment et j'étais surpris de voir que mes enfants y prêtaient attention, même quand ils n'en avaient pas l'air ! Bien sûr, ils participaient en chantant des hymnes, en prenant part à la prière, en récitant les versets mémorisés, mais je me demandais souvent s'ils retiraient quelque chose de notre lecture des Écritures et de mes brefs commentaires sur les passages. Tout a changé avec une question brève, directe et poignante sur le caractère de Dieu. C'était la première des nombreuses questions théologiques « sérieuses » que mes enfants m'ont posées depuis, et qui n'ont pas été limitées à ces moments de culte familial, mais qui ont débordé dans nos autres discussions. J'ai remarqué que lorsqu'on se rassemble pour le culte familial non seulement les membres de la famille se rassemblent, mais les animaux se joignent à nous également ! Les chiens se couchent normalement aux pieds des enfants, qui eux sont assis sur le canapé, et les chats se blottissent sur les genoux de nos enfants ou sur les meubles autour de nous. Un soir, notre nouveau chat, Miki, est venu nous rejoindre pour le culte et s'est assis sur le manteau de la cheminée. Il était là, immobile... jusqu'à ce qu'on commence à chanter notre hymne. Il s'est alors redressé et nous a regardés directement, en inclinant la tête et les oreilles en arrière, comme pour nous dire combien on chantait mal ! On s'est mis à rire si fort qu'on a eu de la difficulté à terminer le chant. C'était une nouvelle application à la recommandation de « *[pousser]* vers l'Éternel *des cris de joie* » (Ps 100).

Chanter des hymnes ensemble nous a réunis de manière inattendue. Notre famille aime la musique, mais le don de bien chanter a certainement été donné à d'autres. Pourtant, malgré nos voix dissonantes, le Seigneur nous a amenés dans une intimité plus profonde et une plus grande unité entre nous, au fur et à mesure qu'on l'adorait. Mes enfants sont aussi beaucoup plus confiants qu'avant pour chanter à l'église. Parfois, dans notre culte familial, on lit un hymne et on discute sur la signification des paroles et des phrases qu'on chante. Un autre bénéfice de tout cela, c'est que nos trois enfants ont voulu prendre des leçons de musique pour pouvoir utiliser leurs compétences pendant notre temps de louange ensemble.

La prière a également eu un grand impact sur nous à travers l'adoration en famille. Non seulement on prie plus souvent ensemble dans la présence du Seigneur, mais c'était aussi une leçon d'humilité de voir comment Dieu fait grandir en maturité mes enfants par l'intermédiaire de la prière. Par exemple, Maggie, notre plus jeune enfant, avait pour habitude de prier ainsi : « Je prie pour que Papi et Mamie s'amusent bien. » Puis, elle s'est mise à prier un peu plus précisément : « Je prie pour que Papi et Mamie soient sauvés et qu'ils s'amusent bien. » Maintenant, elle commence à faire ce genre de requêtes : « Je prie pour que Papi et Mamie viennent à l'église ce week-end et que tu les sauves afin qu'ils puissent aller ciel. » Je sais que le progrès qu'elle fait dans ses prières est en partie dû au fait qu'elle vieillit, mais le Seigneur lui a aussi permis de mieux comprendre les avantages d'être sauvé et les besoins des perdus, en particulier ceux de ses grands-parents. On avait l'habitude de tenir un journal de prière pendant notre temps de culte familial, mais cela nous prenait beaucoup de temps. On se concentre désormais sur les événements quotidiens et hebdomadaires dans notre entourage et dans le monde, tout en soulignant les réponses de Dieu à nos prières. Quand on concentre notre attention sur le présent et l'avenir rapproché, nos enfants voient que Dieu œuvre vraiment dans le quotidien de ses disciples, et cela les motive à prier encore plus.

Chad Bailey, mari et père
(Stockbridge, Géorgie)

Le culte familial était un concept étranger pour moi jusqu'à l'époque de mes études universitaires à Jackson, dans le Mississippi, où, en tant que membre de la Trinity Presbyterian Church, j'y ai été introduit par l'un des pasteurs. Aujourd'hui, en repensant à ce temps-là, je suis très reconnaissant à Dieu pour ce pasteur, que j'aime toujours, et pour le désir qui est né en moi de diriger ma future famille dans le culte familial.

Avant de me marier, j'ai emprunté à l'Église un exemplaire du livre de Terry Johnson intitulé *The Family Worship Book* (Le livre du culte familial). Cela m'a incité, une fois marié, à commencer à lire la Bible et à prier avec ma femme. Avec la venue des enfants, j'ai mis en pratique l'enseignement du livre de plus en plus. Depuis le début, il y a toujours eu des défis, mais j'ai essayé d'être organisé pour que les enfants puissent s'y joindre facilement. En regardant en arrière, il est facile de voir ma naïveté et mon ignorance. J'avais une grande vision de la famille parfaite se réunissant sur le canapé pour se réjouir dans la présence du Seigneur. Mes attentes d'avoir une maison semblable à celles des puritains (j'admirais les puritains, mais ma vision d'eux était idéalisée) ont été rapidement confrontées aux défis qui se présentent avec les enfants. Les enfants n'étaient pas le principal problème, bien sûr ! J'étais et je suis toujours le plus vil des pécheurs conduisant d'autres pécheurs.

Notre cheminement par rapport au culte familial n'a pas été facile. Nos cultes n'ont pas toujours été très joyeux ni très constants. Nous avons dû régler bien souvent des problèmes de discipline avec les enfants et nous avons souvent été dérangés par les voisins ou le téléphone. Maintenant, à moins qu'il y ait une urgence, on ne répond pas au téléphone et on ne laisse aucune chose empiéter sur notre temps de culte familial. C'est une mentalité qui s'est développée au fil des ans. Aujourd'hui, bien que ce ne soit pas le cas à chaque fois, nos enfants, par la grâce de Dieu, attendent impatiemment le moment du culte familial, qui a été et continue d'être une source de joie pour notre foyer. Notre famille a grandement bénéficié des nombreux pasteurs qui nous ont enseigné, au fil des ans, ce qu'est le culte familial et comment le mettre en pratique. J'ai sans doute appris la meilleure théologie du culte familial avec Joël Beeke et Terry Johnson. Cependant, dans la pratique, j'ai appris énormément en observant le fidèle pasteur Scott Pierce conduire sa famille dans le culte. En tant que mari et père, et chef des pécheurs, je suis conscient qu'à moins que Dieu édifie ma famille et veille sur elle, le culte familial dans la maison des Bailey est vain. Par la grâce de Dieu, moi et ma maison, nous servirons l'Éternel !

Paul Ingram, mari et père d'enfants qui sont maintenant grands
(Grand Rapids, Michigan)

Je me souviens de mon culte familial durant mon enfance. « Culte » est au singulier, car mon père n'a fait qu'une seule tentative. Le passage d'une épître de Paul qu'il a lu parlait de « circoncision », un mot que je me souviens avoir trouvé intriguant. C'est peut-être la raison pour laquelle il n'y a jamais eu de seconde tentative. Du côté de ma femme, ses parents ne faisaient pas de cultes familiaux. Pas étonnant que Sheila et moi ayons approché le mariage et la parentalité avec des hésitations sur le culte familial, le comment et le pourquoi ! On avait l'impression que c'était quelque chose qu'on devait faire, mais notre réflexion manquait de fondements bibliques. Après avoir mieux compris les Écritures, nous avons eu encore de la difficulté avec les approches et les programmes que nous avons essayés. Maintenant que nos enfants sont adultes, je suis agréablement surpris de constater qu'ils se souviennent très bien de nos temps de prière et de lecture biblique. Pourtant, Sheila et moi n'étions pas les meilleurs pour rassembler notre famille devant Dieu. Nous rendons grâce à la fidélité miséricordieuse de Dieu, qui se plaît à bénir son alliance. Nous pouvons témoigner par notre expérience que même les tentatives les plus maladroites sont utilisées grandement. Nous ne sommes jamais devenus des experts du culte familial. Nous avons encore des difficultés maintenant que nos enfants ont quitté la maison. Mais nous avons été bénis au-delà de toute mesure à chaque étape de notre cheminement dans ce moyen de grâce sanctifiant.

Luke Jones, étudiant universitaire
(Lexington, Caroline du Nord)

Le culte familial a eu un énorme impact sur moi. Notre famille a commencé à le pratiquer de manière organisée lorsque mes parents ont commencé à faire l'école à la maison. Chaque jour, ma mère nous rassemblait, mes sœurs et moi, et nous lisions un chapitre ou deux de la Bible et en discutions, ou encore nous passions à travers une petite étude biblique ensemble. À certains moments, ça semblait être seulement quelque chose qui prenait de notre temps, mais je suis vraiment heureux que nous l'ayons fait, car j'ai une très bonne connaissance de la Bible à présent. Cette forme de culte familial a été suivie jusqu'à ce que j'entre au lycée. À ce moment-là, on a commencé à avoir notre temps de culte familial après le souper. On est également passé d'un culte où ma mère dirigeait les enfants, à un culte où mon père conduisait toute la famille dans l'étude de la Parole de Dieu. C'était assez simple ; on lisait quelques chapitres dans la Parole, puis mon père nous posait des questions pour voir si on avait compris ce que disait le passage. Ensuite, il nous expliquait tout ce qui était une source de confusion pour nous. Je suis très reconnaissant que mes parents aient fait cela avec nous, car ma compréhension de la Bible est beaucoup plus avancée que si l'on n'avait pas pratiqué le culte familial.

Je suis maintenant fiancé, et ma bien-aimée et moi essayons de lire la Bible ensemble, aussi souvent que possible. Lorsque nous serons mariés et que nous aurons une famille, j'ai vraiment l'intention d'instituer le culte familial dans ma maison. C'est un excellent outil pour orienter les enfants vers Christ et les aider à avoir une bonne compréhension de la Bible. Cela sert aussi à rapprocher les familles, mieux qu'aucune autre activité ne pourrait le faire.

Leah Helopoulos, mère de jeunes enfants et merveilleuse épouse de Jason
(Holt, Michigan)

« Seigneur, je prie que tu me donnes un cœur nouveau et que tu m'aides à t'obéir. Je te remercie d'être mort sur la croix, Jésus. Je t'aime. Je veux être au ciel avec toi ». C'est la prière que ma fille de sept ans a faite pendant le culte familial. Ce sont des paroles si précieuses ! En tant que mère, entendre mes enfants rechercher le Seigneur me fait chaud au cœur, car c'est une bénédiction de voir mes enfants rechercher la justice et la vérité. Le culte familial permet d'enseigner à nos enfants les histoires de la Bible (De 6), de leur présenter l'Évangile et d'appliquer la Bible à la vie de tous les jours, ou du moins, c'est la forme que prennent la plupart de nos soirées de culte familial ! On ne s'assied pas pour écouter une leçon biblique de trois heures, mais ces brèves lectures bibliques appropriées à leur âge ont une grande influence sur eux alors qu'ils apprennent les thèmes dominants des Écritures. Il est amusant de voir leur désir croissant de lire eux-mêmes la Parole.

Le culte familial dans notre maison a l'avantage supplémentaire de m'encourager dans ma propre relation avec le Seigneur. Entendre la Parole et prier ensemble en famille a été une bénédiction constante et croissante.

J'ai également été encouragée par la façon dont le culte familial nous aide à garder des relations saines entre nous. S'il y a un conflit, il est difficile de chanter « Saint, Saint, Saint » sans d'abord se réconcilier, demander pardon et restaurer la relation entre nous. Venir constamment devant le trône de Dieu et entendre sa Parole nous donne toutes les occasions dont nous avons besoin pour être renouvelés dans notre cœur et notre intelligence, pour nous épanouir émotionnellement et approfondir nos relations. Certains soirs sont plus difficiles que d'autres, comme lorsque le chien saute sur le canapé et que la pièce semble chaotique. Toutefois, j'ai vu comment de brefs et constants moments de culte dans notre maison ont produit des bénéfices à long terme. C'est mon espoir et ma prière qu'un jour, nos enfants regardent en arrière et disent que ces soirées de culte familial ont contribué à façonner leurs vies, et plus important encore, qu'elles ont été utilisées par le Seigneur pour les amener à lui.

EXEMPLES DE STRUCTURES D'UN CULTE FAMILIAL

EXEMPLE 1 :
Exemple d'un jour ordinaire

La parole de Dieu

Lire Jean 15.

Chant

Permettre aux enfants de choisir leur hymne préféré.

Mémorisation

« Venez et plaidons ! dit l'Éternel. Si vos péchés sont comme le cramoisi, ils deviendront blancs comme la neige ; s'ils sont rouges comme la pourpre, ils deviendront comme la laine » (Ésaïe 1.18).

Prière

Chaque membre de la famille prie pour la personne à sa gauche.

EXEMPLE 2 :
Un culte familial pour une semaine

La parole de Dieu

Lire un chapitre par jour.

Lundi :	Psaume 1
Mardi :	Psaume 2
Mercredi :	Psaume 3
Jeudi :	Psaume 4
Vendredi :	Psaume 5
Samedi :	Psaume 6
Dimanche :	Jour de rattrapage

Chant

Chanter le même chant chaque jour.

Hymne :
« Ton nom, Seigneur Jésus, est admirable »

Mémorisation

Mémoriser une question de catéchisme et un passage des Écritures au choix.

Mémorisation du catéchisme :
Le Petit catéchisme de Westminster

Question 14 : Qu'est-ce que le péché ?
Réponse : Le péché est un manque de conformité à la loi de Dieu, ou une transgression de celle-ci.

Mémorisation d'un verset de la Bible :
« [...] car l'Éternel connaît la voie des justes et la voie des pécheurs mène à la ruine » (Ps 1.6).

Prière

Prier pour chaque requête de la liste tous les jours.

Prière pour le monde
- Prier pour les chômeurs dans notre ville.

Prière pour l'Église
- Prier pour les pasteurs de notre Église.
- Prier pour les missionnaires œuvrant au Maroc.

Prière pour nos voisins et amis
- Prier que les enfants du voisinage viennent à la foi en Jésus.
- Prier que le Seigneur guérisse M. Bruce du cancer.

Prière pour la famille
- Prier pour chaque membre de la famille.

PREMIERS PAS AVEC LA BIBLE ET LA PRIÈRE

AIDE AVEC LA BIBLE

Quelques questions de base à poser aux enfants d'âge préscolaire lors de la lecture de la Bible :

1. À propos de quelle personne (ou personnes) avons-nous lu (à quel moment dans le récit, l'histoire ou les Évangiles) ?
2. Qu'a fait la personne (ou qu'ont fait les personnes) ?
3. Dieu ou Christ était-il présent dans notre passage ?
4. Qu'a fait Dieu ou Christ ?

Quelques questions de base à poser aux enfants du primaire lors de la lecture de la Bible :

1. Quel était le sujet du passage biblique de ce soir ?
2. Dieu a-t-il parlé ou fait quelque chose dans notre passage ?
3. Pourquoi Dieu ou Christ a-t-il dit ou fait cela ?
4. Selon vous, pourquoi Dieu a-t-il mis ce passage dans la Bible ?

Quelques questions de base à poser à des enfants plus âgés ou des adultes lors de la lecture de la Bible :

1. Que nous dit ce passage sur ce que nous devrions croire à propos de Dieu ?
2. Que nous dit ce passage sur nous-mêmes ?
3. Que nous dit ce passage sur ce que Dieu désire de nous ?
4. Comment ce passage nous révèle-t-il la personne de Christ ?

AIDE AVEC LA PRIÈRE

Une façon utile de prier :

1. Adorer Dieu
2. Confesser tout péché
3. Remercier Dieu pour ses dons merveilleux
4. Exprimer nos requêtes

Une prière d'intercession simple :

1. Prier pour quelque chose dans le monde
2. Prier pour nos voisins
3. Prier pour notre Église locale
4. Prier pour les membres de notre famille

RÉSUMÉ DU *GUIDE DE LA PRIÈRE* D'ISAAC WATTS[1]

Invoquer Dieu

1. Mentionner un ou plusieurs noms de Dieu. De cette façon, on indique et reconnaît la personne à qui l'on s'adresse.
2. Déclarer notre désir et notre intention de l'adorer.
3. Désirer son aide et son acceptation.

Adorer, honorer Dieu

1. Mentionner la nature de Dieu ;
2. Mentionner ses nombreux attributs ;
3. Mentionner ses nombreuses œuvres ;
4. Mentionner sa relation avec nous.

Confession : reconnaître notre nature et avouer nos transgressions à Dieu

1. Confesser humblement notre nature originelle, notre éloignement de Dieu en tant que ses créatures, notre soumission à lui et notre constante dépendance de lui.
2. Confesser nos péchés : notre nature pécheresse et nos péchés spécifiques.
3. Confession découlant de notre sentiment d'avoir aggravé notre cas par nos fautes, de mériter un châtiment et d'être indigne de sa miséricorde.
4. Confession ou humble présentation de tous nos désirs et de toutes nos peines.

Requête et intercession : désir d'être délivré du mal et requête pour que de bonnes choses nous soient accordées

1. Prier pour les saints ;
2. Prier pour l'Église ;
3. Prier pour notre nation ;
4. Prier pour nos amis et nos proches ;
5. Prier pour nos ennemis.

Plaider notre cause devant lui d'une manière humble et fervente

Profession / consécration : engagement personnel envers Dieu

1. Professer notre relation vis-à-vis de Dieu.
2. Professer nos premières démarches auprès de Dieu.
3. Professer nos humbles et saintes résolutions d'appartenir au Seigneur pour toujours.

Action de grâces : rendre grâce consiste à reconnaître la bonté de Dieu qui nous bénit et lui attribuer l'honneur et la louange pour sa puissance, sa sagesse et sa bienveillance

1. Rendre grâce pour les bienfaits que Dieu nous a accordés sans les lui avoir demandés.
2. Rendre grâce pour les bienfaits que nous avons reçus en réponse à nos prières.

Bénédiction

1. Évoquer les nombreux attributs et la gloire de Dieu avec une joie, une satisfaction et un plaisir qui viennent de l'intérieur.
2. Souhaiter que la gloire de Dieu subsiste toujours et se réjouir de notre assurance à ce sujet.

Amen : cela veut dire…

1. que nous croyons tout ce que nous avons dit concernant Dieu et nous-mêmes ;
2. que nous espérons obtenir tout ce que nous avons demandé ;
3. que nous confirmons toutes nos déclarations, nos promesses et nos engagements devant Dieu ;
4. que nous espérons que Dieu nous accepte et écoute nos prières, c'est-à-dire que nous nous attendons fermement à cela.

RESSOURCES

PRIÈRE

HENRY, Matthew, *Une méthode de prière*, < http://fr.matthewhenry.org > (page consultée le 29 septembre 2017).

MILLER, Paul, *Une vie en prière : se connecter à Dieu malgré les interférences*, Longueuil, Québec, Ministères Multilingues, 2012.

LUTHER, Martin, *Lettre à mon barbier*, Marpent, France, BLF Éditions, 2017.

KELLER, Timothy, *La prière*, Lyon, Éditions Clé, 2016.

LUTHER, Martin, *52 méditations et prières de Martin Luther*, Paris, Concordia, 1983.

KUEN, Alfred, *L'art de prier selon les Psaumes*, Charols, France, Excelsis, 2015.

CHANTS

Hymnes

J'aime l'Éternel, 3 vol., Jeunesse en Mission.

J'aime l'Éternel Kids, vol. 1, Jeunesse en Mission, 2009.

MOOBBS, Danielle, Vincent Nomway, *À table ! : 75 chants pour les repas*, Audincourt, France, Éditions Mennonites, 2012.

Sur les Ailes de la Foi, Charols, France, Diffusion Excelsis, 2000.

Célébrons Dieu, 3ᵉ éd., Trois-Rivières, Québec, Impact, 2004.

Psautiers

CHAPAL, Roger, *Le psautier français : les 150 Psaumes de la Réforme*, Lyon, Olivétan, 1995.

GONIN, Marc-François, *Les vingt-deux chants du Psaume 119*, Aix-en-Provence, Kerygma, 1992.

MÉDITATIONS QUOTIDIENNES ET AUTRES LIVRES UTILES

Christiana : l'histoire de la pèlerine, Montmiral, Édition Diffusion du Cèdre, 1997.

BUNYAN, John, *Le voyage du pèlerin : manga*, Marpent, France, BLF Éditions, 2017.

BOWMAN, Crystal, Teri McKinley, *Notre Pain Quotidien pour enfants*, Publications NPQ, Windsor, Canada, 2017.

HELM, David, *La Bible en 400 dessins*, Trois-Rivières/Marpent, Éditions Cruciforme/BLF Éditions, 2016.

DEYOUNG, Kevin, *La plus grande histoire*, Marpent, France, BLF Éditions, 2016.

LLOYD-JONES, Sally, *La Bible te raconte Jésus*, Lyon, Éditions Clé, 2008.

TAYLOR, Kenneth, *Tout ce que je devrais savoir sur Dieu*, Marpent, France, BLF Éditions, 2016.

WALTON, John H., Kim E. Walton, *Enseigner les récits bibliques aux enfants*, Charols, France, Excelsis, 2014.

SCHOOLAND, Marian N., *Découvrons ensemble qui est Dieu*, Trois-Rivières, Québec, Impact, 2013.

LIENS INTERNET

Songs for Saplings, < http://www.songsforsaplings.com > (page consultée le 29 septembre 2017).

Ministère Cœur d'ancre, < https://coeurdancre.bandcamp.com/releases > (page consultée le 29 septembre 2017).

Psautier pour prier les Psaumes, < https://www.psautier.com > (page consultée le 29 septembre 2017).

***

EXEMPLES DE LECTURE ALTERNÉE

Psaume 1

Heureux l'homme qui ne marche pas selon le conseil
   des méchants,
Qui ne s'arrête pas sur la voie des pécheurs,
Et qui ne s'assied pas en compagnie des moqueurs,
Mais qui trouve son plaisir dans la loi de l'Éternel,
Et qui la médite jour et nuit !
Il est comme un arbre planté près d'un courant d'eau,
Qui donne son fruit en sa saison,
Et dont le feuillage ne se flétrit point:
Tout ce qu'il fait lui réussit.
Il n'en est pas ainsi des méchants :
Ils sont comme la paille que le vent dissipe.

C'est pourquoi les méchants ne résistent pas au jour
     du jugement,
Ni les pécheurs dans l'assemblée des justes ;
Car l'Éternel connaît la voie des justes,
Et la voie des pécheurs mène à la ruine.

Psaume 61

Ô Dieu! Écoute mes cris,
Sois attentif à mes prières !
Du bout de la terre je crie à toi, le cœur abattu ;
Conduis-moi sur le rocher que je ne puis atteindre !
Car tu es pour moi un refuge,
Une tour forte, en face de l'ennemi.
Je voudrais séjourner éternellement dans ta tente,
Me réfugier à l'abri de tes ailes. – Pause.
Car toi, ô Dieu ! tu exauces mes vœux,
Tu me donnes l'héritage de ceux qui craignent ton nom.
Ajoute des jours aux jours du roi ;
Que ses années se prolongent à jamais !
Qu'il reste sur le trône éternellement devant Dieu !
Fais que ta bonté et ta fidélité veillent sur lui !
Alors je chanterai sans cesse ton nom,
En accomplissant chaque jour mes vœux.

Psaume 98

Chantez à l'Éternel un cantique nouveau !
Car il a fait des prodiges.
Sa droite et son bras saint lui sont venus en aide.
L'Éternel a manifesté son salut,

Il a révélé sa justice aux yeux des nations.

**Il s'est souvenu de sa bonté et de sa fidélité envers
la maison d'Israël,**

Toutes les extrémités de la terre ont vu le salut de notre Dieu.

**Poussez vers l'Éternel des cris de joie,
Vous tous, habitants de la terre !**

Faites éclater votre allégresse, et chantez !

Chantez à l'Éternel avec la harpe ;

Avec la harpe chantez des cantiques !

**Avec les trompettes et au son du cor,
Poussez des cris de joie devant le roi, l'Éternel !**

Que la mer retentisse avec tout ce qu'elle contient,

Que le monde et ceux qui l'habitent éclatent d'allégresse,

Que les fleuves battent des mains,

Que toutes les montagnes poussent des cris de joie,

Devant l'Éternel ! Car il vient pour juger la terre ;

**Il jugera le monde avec justice,
Et les peuples avec équité.**

CATÉCHISMES ET CREDO

CATÉCHISMES :

Les textes de Westminster (Le Petit catéchisme de Westminster ;
   Catéchisme pour jeunes enfants)
Catéchisme de Heidelberg
Catéchisme de Genève
Confession de La Rochelle
Confession de foi réformée baptiste de 1689

CREDO :

Le symbole des Apôtres

Je crois en Dieu, le Père tout-puissant,
Créateur du ciel et de la terre.
Et en Jésus-Christ, son Fils unique, notre Seigneur,
qui a été conçu du Saint-Esprit, est né de la Vierge Marie,
a souffert sous Ponce Pilate,
a été crucifié, est mort et a été enseveli,
est descendu aux enfers,
le troisième jour est ressuscité des morts,

est monté aux cieux,
est assis à la droite de Dieu le Père tout-puissant,
d'où il viendra juger les vivants et les morts.
Je crois en l'Esprit Saint,
à la sainte Église universelle,
à la communion des saints,
à la rémission des péchés,
à la résurrection de la chair,
à la vie éternelle.
Amen.

Le symbole de Nicée

Je crois en un seul Dieu, le Père tout-puissant,
Créateur du ciel et de la terre,
de l'univers visible et invisible.
Je crois en un seul Seigneur,
Jésus Christ, le Fils unique de Dieu,
né du Père avant tous les siècles.
Il est Dieu, né de Dieu, lumière, née de la lumière,
vrai Dieu, né du vrai Dieu,
engendré, non pas créé, de même nature que le Père,
et par lui tout a été fait.
Pour nous les hommes, et pour notre salut,
il descendit du ciel ;
par l'Esprit Saint,
il a pris chair de la Vierge Marie,
et s'est fait homme.
Crucifié pour nous sous Ponce Pilate,
il souffrit sa passion et fut mis au tombeau.
Il ressuscita le troisième jour,
conformément aux Écritures,

et il monta au ciel ;
il est assis à la droite du Père.
Il reviendra dans la gloire,
pour juger les vivants et les morts ;
et son règne n'aura pas de fin.
Je crois en l'Esprit Saint,
qui est Seigneur et qui donne la vie ;
il procède du Père et du Fils ;
avec le Père et le Fils,
il reçoit même adoration et même gloire ;
il a parlé par les prophètes.
Je crois en l'Église,
une, sainte, universelle et apostolique.
Je reconnais un seul baptême pour le pardon des péchés.
J'attends la résurrection des morts,
et la vie du monde à venir.
Amen.

NOTES

Introduction

1. Richard Baxter fut l'un des grands prédicateurs puritains du XVIIᵉ siècle. Il fut l'un des meilleurs écrivains et penseurs dans les cercles puritains sur la vie chrétienne pratique. Cependant, le ministère ou les écrits de Baxter ne sont pas tous à recommander.

2. Cité dans « L'introduction » de J. I. Packer, dans Richard Baxter, *The Reformed Pastor* [*Le pasteur chrétien*], Carlisle, Penns., Banner of Truth Trust, réimpr., 1999, p. 11.

3. *Ibid.*, p. 12.

Chapitre 1

1. On pourrait faire valoir le fait qu'il existe une quatrième sphère de culte dans les Écritures : le culte national. La nation d'Israël dans son ensemble est souvent appelée à adorer dans l'Ancien Testament. Toutefois, aux fins de ce livre et en raison de la disparition de l'identification de Dieu avec une nation particulière, je n'aborderai pas cette sphère de culte ici (ou dans ce livre).

2. Robert Murray M'Cheyne, « The Good Way of Coming Before the Lord » [La bonne façon de se présenter devant l'Éternel], sermon XIV. Cité dans Andrew A. Bonar, *Memoir and Remains of*

the Rev. Robert Murray M'Cheyne [Mémoires du Révérend Robert Murray M'Cheyne], Edinburgh, William Oliphant and Co, p. 382.

3. Charles Spurgeon, *The Treasury of David* [Le trésor de David], volume 1 : Psalms 1-57, Peabody, Mass., Hendrickson Publishers, 1876, p. 270-271.

4. Richard Baxter, *The Practical Works of Richard Baxter* [Les ouvrages pratiques de Richard Baxter], vol. 1, Soli Deo Gloria Publications, Grand Rapids, Mich., Soli Deo Gloria Publications, p. 419.

Chapitre 2

1. Jonathan Edwards, « Thoughts on the Revival of Religion in New England » [Réflexions sur le renouveau de la religion en Nouvelle-Angleterre], tiré de *The Works of Jonathan Edwards* [Les ouvrages de Jonathan Edwards], vol. 1, Peabody, Mass., Hendrickson Publishers, 1998, p. 419-420.

2. John Knox, « A Letter of Wholesome Counsel to His Brethren in Scotland, 1556 » [Une lettre pleine de bons conseils pour ses frères en Écosse, 1556], tiré de *Selected Writings of John Knox: Public Epistles, Treatises, and Expositions to the Year 1559* [Extraits choisis de John Knox : épîtres, traités et expositions publics jusqu'à l'an 1559], Dallas, Tex., Presbyterian Heritage Publications, 1995.

3. Donald S. Whitney, *Family Worship: In the Bible, in History, and in Your Home* [Le culte familial : dans la Bible, dans l'histoire et dans votre foyer], distribué par The Center for Biblical Spirituality, Shepherdsville, Kent., 2005, p. 7.

4. Douglas F. Kelly, « Family Worship: Biblical, Reformed, and Viable for Today » [Le culte familial : biblique, réformé et viable pour aujourd'hui], cité dans *Worship in the Presence of God* [Adorer dans la présence de Dieu], David Lachman et Frank J. Smith, éd., Greenville, C. S., Greenville Seminary Press, 1992, p. 110-111.

Chapitre 4

1. Charles Spurgeon, « The Happy Duty of Daily Praise » [L'heureux devoir de la louange quotidienne], Metropolitan Tabernacle Pulpit [Chaire du tabernacle métropolitain], vol. 32, Londres, Passmore and Alabaster, 1886 ; réimpr., Pasadena, Tex., Pilgrim Publications, 1986, p. 289.

Chapitre 6

1. Baxter, Directory, p. 414.

Chapitre 7

1. James Waddell Alexander, *Thoughts on Family Worship* [Réflexions sur le culte familial], Philadelphia, Penns., Presbyterian Board of Publication, 1847 ; réimpr., BiblioBazaar, LLC, p. 195.

Chapitre 8

1. Kelly, p. 121.

Chapitre 9

1. Matthew Henry, *Family Religion: Principles for Raising a Godly Family* [Religion familiale : principes pour élever une famille pieuse], Fearn, Ross-shire, Christian Heritage, 2008, p. 32.

Appendice B

1. Isaac Watts, *A guide to prayer* [Un guide de prière], trad. libre, Banner of Truth, 2001.

À PROPOS DE L'AUTEUR

Jason Helopoulos est assistant pasteur à la University Reformed Church, à East Lansing (Michigan). Il participe également au blogue de The Gospel Coalition. Il a été ordonné dans l'Église presbytérienne américaine. Lui et sa femme, Leah, sont parents de deux jeunes enfants, Gracen et Ethan.

www.ingramcontent.com/pod-product-compliance
Lightning Source LLC
LaVergne TN
LVHW051349080426
835509LV00020BA/3361